哈佛商学院
商业道德修炼课

[美]米歇尔·安特比 / 著

黄琳 林文琛等 / 译

北京时代华文书局

图书在版编目（CIP）数据

哈佛商学院商业道德修炼课 /（美）米歇尔·安特比著；黄琳等译.
-- 北京：北京时代华文书局，2017.11
书名原文：Manufacturing Morals
ISBN 978-7-5699-1889-2

Ⅰ.①哈… Ⅱ.①米… ②黄… Ⅲ.①商业道德－通俗读物 Ⅳ.① F718-49

中国版本图书馆 CIP 数据核字（2017）第 270208 号

Manufacturing Morals: The Values of Silence in Business School Education
by Michel Anteby
Copyright©2013 by The University of Chicago
All rights reserved.
Published by The University of Chicago Press
Simplified Chinese rights arranged through CA-LINK International LLC
(www.ca-link.com)

北京市版权著作权合同登记号　字：01-2014-8313

哈 佛 商 学 院 商 业 道 德 修 炼 课
HAFO SHANGXUEYUAN SHANGYE DAODE XIULIAN KE

著　　者 |（美）米歇尔·安特比
译　　者 | 黄　琳　林文琛等

出 版 人 | 王训海
责任编辑 | 张彦翔
装帧设计 | 谢元明　王艾迪
责任印制 | 刘　银

出版发行 | 北京时代华文书局 http://www.bjsdsj.com.cn
　　　　　北京市东城区安定门外大街 136 号皇城国际大厦 A 座 8 楼
　　　　　邮编：100011　电话：010-64267955　64267677
印　　刷 | 北京京都六环印刷厂　010-89591957
　　　　　（如发现印装质量问题，请与印刷厂联系调换）

开　　本 | 710mm×1000mm　1/16　印　张 | 13　字　数 | 149 千字
版　　次 | 2018 年 3 月第 1 版　　　　　印　次 | 2018 年 3 月第 1 次印刷
书　　号 | ISBN 978-7-5699-1889-2
定　　价 | 45.00 元

版权所有，侵权必究

沉默，从某种意义上说，是一种公开。

——埃蒙德·雅贝（Edmond Jabes）

序言

"在对一家工厂做完研究后,你为什么不写一写哈佛商学院呢?"我的博士论文导师开玩笑地说。离开纽约去哈佛商学院做助理教授的前一天,我约她一起喝咖啡。她知道我非常喜欢做实地调查,料定我无论教学任务有多重,都要把它做成。我们讨论了十几个可行的方案,写商学院志就是其中一个。不过,当时我根本没把它放在心上。

在波士顿待了几个月后,我渐渐觉得导师的话有些道理。那时我刚写完一篇有关航空工厂的论文,惊奇地发现它与我的新东家有一些类似的地方。例如,学生规模大(全日制学生将近2000人),需要类似大型工厂所拥有的标准化。教授和职员也存在精细的劳动分工。学院中包括备课、讲课等许多必要流程,让我觉得就像一条组织良好的流水线。不过在那个时候,我仍然没把导师的建议放在心上,而是去做别的项目了。尽管如此,我从那时起开始写日志,记录自己在商学院的体验,这后来成了该研究的观察笔记。(我很早就养成了记录不同场合体验的习惯,但并不是为了做学术研究。)

我对寻找外地奇异的实地调查地点十分感兴趣，一直沉迷了好几年。之后，我开始在波士顿本地附近寻找，并拜访当地工商界领袖。在谈话中，我不断发现很多有趣的线索。不过我们交谈的重点除了他们的工作领域外，还几乎同样放在了对哈佛商学院这所我刚加盟的学校的讨论上。我访问的这些人，无一例外都会问我在商学院干得怎样。经历过几次同样的遭遇后，我问一个资历稍长的同事，别人是不是也问过她类似的问题。"经常如此。"她回答，继而面带微笑地说，自己会永远给同样的答案："哈佛商学院很好。"她这种把话题从个人引向集体的高度——从"我"到"哈佛商学院"——的回答让我俩都大笑起来。我后来也养成了这样回答的习惯。

我觉得，是她的回答让我开始研究哈佛商学院教职工的社会化，以及这种社会化对学生教育的潜在影响。不过，做这样的事后推理过于简单。我一直都很喜欢观察社会模式，喜欢从它们的点点滴滴开始构建大的社会形态体系。（我姐姐很早就看透了我，说我骨子里就是个研究人类学的。）从踏进哈佛商学院校园的第一步起，我就发现它与我原来所在的城市大学邋遢的环境迥然不同，这引起我极大的兴趣。而且作为新入职的教师，我觉得有必要迅速了解那些其他老资历同事已经知晓，但我还没完全明白的事项。不可避免地，我要研究分析学院的环境。

哈佛商学院的学生人数众多，所以必须将教育意义的追求惯例化。学院每年要接收近900名攻读工商管理硕士的学生。在他们两年的学习生涯中，他们要潜心追求一个具有凝聚力的共同目标。对于访客来说，哈佛商学院是一个半公共、参观完就离开的地方，但是对学生来说，它是一个更私密、要待很长时间的地方。大部分学生在校园里吃饭、学习、睡觉、梦想，他们的社交生活通常都围绕校园活动展开。在普通的一周内，他们要阅读大量学习资料，组成小组进行讨论，然后深入分析这些资料。随着这种社会化进程的展开，学院里200多名教师就像在编舞的芭蕾舞舞蹈教练一样。他们虽然不住校，但他们也被社会化为整场舞蹈作品的一部分。这种集中的社会化进程创造了某种社会孤岛效应，也产生了一种独特的集体视角。

学院旁边的河流将哈佛商学院与哈佛大学其他校区及剑桥城分离，更是扩大了这种孤岛效应。（学院另一边是体育场、铁路调车场和几英亩未开发的荒地。）学院这种与世隔离的环境，让人想起布罗尼斯拉夫·马林诺夫斯基（Bronislaw Malinowski）描写的他所经历过的西太平洋上的小岛。我在学院工作伊始所碰到的一些惊奇的日常做法，就跟马林诺夫斯基在特罗布里恩群岛（Trobriand Islands）上经历的一样怪异。我在加入哈佛商学院时，根本没想到会在国内碰上这些怪异的事情。如今，那些令我惊奇的事已让我习以为常。这本书就记录了这些怪异的事情以及对它们的研究结果——对道德追求的组织基础的探索研究。

目 录
CONTENTS

序言 / 001

前言　道德惯例化 / 001

第一章　通往世界的天桥 / 019

第二章　重塑学术纯度 / 041

第三章　在沉默中宣讲 / 061

第四章　（非）脚本化过程 / 083

第五章　做其他人不做的事 / 105

第六章　选择有合适态度的教师 / 127

结论　无声沉默 / 145

后记 / 170

附录　数据与方法 / 172

致谢 / 194

前言　道德惯例化

> 我的这支写惯了数字的秃笔，创作不出悦耳而富于音韵的乐章。我只能将我的见闻实录下来，将我的思想，确切些说，将我们的思想记录下来。（的确是我们。好吧，就让我这部记事录也以《我们》来命名吧。）
>
> ——叶普盖尼·扎米亚京（Evgeny Zamyatin）
> 《我们》

2005年7月，一个阳光灿烂的日子，我加入了"我们"哈佛商学院的教师队伍。那天，一位工作人员带我走进新办公室，将我介绍给我的教学助理。助理为我的到来已经做好了一切准备，从回形针到彩色白板笔都准备得妥妥帖帖。我带来的东西很少，只放满了一个抽屉。那年学院给每位新入职教师都发了两本书，后来它们被证明十分实用。这是两本大书，封面分别是黄色和绿色的，很漂亮。更重要的是，它们的书名——《判断力教育》和《教学与案例教学法》——似乎非常适合出现在新晋教师的办公室里。我把它们摆在一个棕色的空书架上，整间办公室看起来更明亮、更完整了。

尽管添置了一些东西，我的办公室仍然十分安静，空荡荡的。我把门关上后，外面所有的噪音都消失了。我知道其他同事刚来的时候，办公室可能也这么空，那他们是怎么填补这些空白的呢？摆一盆植物？放更有意义的东西？我思索着家里有什么可以带来摆在办公室里，并做了记录。还好，新同事陆陆续续来串门，欢迎我，并且主动帮助我。他们告诉我在校园去哪儿找吃的，我要见什么人，他们叫什么名字，还有可能想参加什么样的活动。他们的来访让办公室有了人气，不再显得空荡。从那天开始，我就慢慢融入一种独特的视角。这种视角包含的潜在道德影响比我原先想象得要多，而且直到今天，我仍然觉得它有些神秘。安静的办公室与同事们传来的声音并存，恰好预示了本书的主要论点。

本书主要研究在组织中如何鼓励道德行为，指出"无声沉默"是维护道德的一种可能方式。稍后我将详细解释这个术语的含义。不过就目前来说，大家也许知道，这种沉默会提供结构性的机会，造成个人不言而喻的假设与他（她）所处的吵闹集体间的矛盾。在无声沉默中，组织成员要单独做出决定，但是也能听到远处集体轻声的指导。在那个7月的一天，我根本不知道这种无声的环境会在教师生命中起关键作用，会影响道德的形成。

本书研究组织尝试通过日常惯例弘扬道德。道德是对人类要实现的最高愿望和梦想的共识，也是大部分人类集体追求的基础。无论在日常生活中，还是在生死攸关的时刻，道德能使我们分清对与错，善与恶。它从生活的方方面面指导和评价人们的思想与行为。在此，"道德"这个概念指某个团体认为恰当的思想或行为。例如，在某支警察队伍中，大部分警察认为保持低调而不引起混乱是工作中最佳的行为，那么这种行为就是这群警察团体中的道德。

在抽象的道德和具体的个人之间存在中介群体，它授权将恰当的社会化融入那些共识中。很显然，我们成长的家庭、学校、宗教团体就是这样的中介群体。街旁、街角或邻近餐厅里非正式的集会也发挥这种中介群体的作用。而包括职业团队、工作组织在内的其他许多团体也参加了这种社会化进程。学者们已经在包括巴黎歌剧院、世界银行等众多组织中研究了这一现象。这些组织向其成员提供一种亲疏有度的关系，既成为大家日常生活的核心部分，然而又不同于让成员个体觉得自己是一项伟大事业的一部分。虽然这些组织不一定总能达成他们的目标，但它们经常在成员中培养共识。

组织中存在社会化动态，这本身并不奇怪，所有在组织中工作的人都经历过这种社会化过程。每个组织都在成员中形成某种独特的视角，即成员面对特定组织内部压力时所表现出的"思维和行为模式"。当然，某些组织，尤其是被约翰·凡·马南（John Van Maanen）称为怀有"文化导向"的组织，甚至超过于此，它们意图形成具有潜在道德影响的特殊的视角。这些组织要通过塑造指引成员行为的经验、思维和体验的方式，对他们进行"规范性控制"。大部分中小学和大学就是这样的组织。民间团体和非营利性组织通常也旨在发展这样的文化，而许多政府机构和营利性的公司也这么做。

本书对一家这种组织的道德制造做了详细研究。很少有组织像本书所呈现的组织一样，旨在严密地、一贯地形成一种共同的视角或道德体系。而且很少有组织已经坚持了近百年这么长的时间。本研究探讨这种独特的思维和行为方式产生的机制和条件，解决道德惯例化中存在的困难问题。

道德惯例化的问题

本书试图回答社会学家罗宾·莱达（Robin Leidner）在1993年提

出的问题。她对日常生活惯例化做了研究，指出保险业和快餐业制定的标准化交流与真诚的自我表达和人际沟通似乎相冲突，但并非完全排斥。她最后总结说："我们想知道礼貌、信任、正直是否能写入脚本中。"莱达用脚本一词指无需组织高层采用明显有意识决策，就能完成的一组任务——其他人称之为日常惯例。她没提出将道德写入脚本或惯例所需的步骤。

换而言之，莱达所寻求的是道德能否通过脚本和日常惯例，在组织环境中传承？此外，将道德写入脚本的过程是否会改变甚至摧毁它？如果是的话，道德怎样才能不受影响？哈佛商学院创始人也许没设定该学院的道德和惯例方面的组织追求，但是我认为学院是十分恰当地研究这些问题的地方。我在开始着手这个研究项目时，并未打算继续莱达的研究。但是后文的分析，展示了一个组织如何通过日常惯例培养某种特殊的道德视角，这有助于回答莱达在结论中提出的问题。

传统上，道德和惯例被视为相互排斥的因素。的确，过去的研究注意到将道德"写入脚本"十分困难。例如，马克斯·韦伯（Max Weber）曾提过道德和惯例有着与生俱来的矛盾。韦伯说，个人的"榜样人格"和相关"规范模式或秩序"与日常惯例是对立的，因为人格以个人意志为前提，而人格惯例化这个概念似乎有些自相矛盾。一个人不能被认为既负责任又能盲目遵从一个脚本。韦伯将惯例视为摧毁个性的约束力量，所以他认为能动性与组织结构的这种矛盾是无法克服的。

同样，莱达对道德和惯例能否共存也表示怀疑，因为她认为参与者在接受惯例时，没有决策行为。她注意到，"组织将人际互动惯例化，违反了很多重要的文化标准，如自我地位和崇尚诚信、自主、真诚、独立等标准。"这也与个人独立遵守道德的能力,即在无外界引导甚至轻微刺激下选择某种恰当行为的能力相悖。

既然人们将惯例看作引发自然反应,那就能把它简单理解成是与道德本质相对立的因素。在将责任从个人转移给组织的过程中,惯例和规则实际上失去了影响力。卡罗尔·海默(Carol Heimer)通过他的观察阐明了这一点。他注意到组织成员的反应"从本质上说与遵从组织禁令的义务无关"。更坦率地说,在很大程度上依赖规定和惯例的组织,通常被描述成"有组织的不负责任的庞大系统"。依据这个观点,道德和惯例是互不相容的。本书研究哈佛商学院教师社会化过程,试图重新审视这个假设。

研究方法:基层教师视角

从根本上说,本书是旨在记录某个特殊环境中一些工作人员生活的一本人种志研究。本研究从员工(我,一名入职不久的教师)的角度,描述某种独特的组织视角在商学院如何产生。从这层意义上说,本研究采用的是基层视角,希望能与其他全部或部分未获终身教职的教师的视角产生共鸣。因为组织视角通常用来解决某种组织压力带来的内部问题。了解这种视角的关键就在于找到成员反复遇到的问题和解决方法,因此也是本书重点关注的问题(例如:如何着装,如何引导课堂讨论等)。所以,本研究首先关注学院内部动态。跟诺伯特·伊莱亚斯(Norbert Elias)有关宫廷的研究一样,我的目的是破译将商学院教职工凝聚在一起的内在特殊的规矩。我依靠分析特殊的内部实践，寻找其道德追求的内涵以及教职工如何参与这个过程。本研究以道德，即实践理论为基础。

完全参与者的位置是研究道德与实践之间联系的理想人选。的确，只有在学院教过几年书（尤其是教授工商管理硕士课程），我才能了解打造"合格"学院教师的过程。人种志学者朱利安·E.奥尔（Julian E. Orr），用同样的方法描写了技术员的生活，因为他曾当过技术员。我在学院工作，这让我能从内部了解其组织过程。而且，因为初来乍到，我急需适应了解这种"道德生产"过程，而不会认为它是自然而然就存在的。因此，本书采用典型人种志数据搜集方法，记录了一个新人融入新环境的过程。本研究数据主要包括，我在学院担任助理教授五年间记录的日志和观察笔记。（附录详细地描述了我的数据搜集和研究方法。）这些日志和笔记真实记录了商学院一名教师在特定时间和地点的生活。杰克·卡茨（Jack Katz）将之称为"员工志"，它经常能捕捉到新人的焦虑。

研究医生从医之初的经历，能帮我们了解他们怎么向病患解释医学知识。同理，研究教师入职之初的经历，能让我们了解他们如何向学生教授知识。在研究服务供应商、大学等从事沟通交流工作的组织时，会遇见两类典型人群：组织直接雇佣的员工（如教师）和组织服务的对象（如学生）。教师不是"铸造"学生的机器的唯一零件，但他们应该是大学的代表，学生在学习时与他们待的"专心"的时间最长。从这种意义上说，教师是大学里重要的员工，是维护某一视角的重要力量。他们间接地将组织视角传递给他们经常接触的个人。在本研究中，这些个人包括那些将来可能领导大企业的人物，因此本研究根据某些传递式的社会化动态，以及商学院毕业生的特质，也许还能帮我们更好地理解企业道德。

对与自己息息相关的环境进行研究会遇上很多挑战。例如，从一个未获得终身教职的初级教师角度来做这个研究，会让人觉得我要受资深同事的摆布，会缺乏自主性。客观性、利益冲突、职业压力等问题可以算是影响数据搜集和分析的因素。这些考量都有道理，不能不予理会。皮埃尔·布尔迪厄（Pierre Bourdieu）在其有关法国教师研究的开篇中说："在将我们生活的世界作为研究对象时，我们就不得不遇上某些与认识论相关的基本问题。"布尔迪厄警告读者，让人与自己"固有的"经验分离开来十分困难，但他又强调这么做对"重拾"研究的客观性十分重要。我尽力保持疏离与客观（见附录）。读者可以自行评判我的分离与重拾是否成功。

我对研究环境和方法的选择的确也有明显的缺陷。首先，本研究对教师社会化程度着墨不多，它记录的只是社会化过程而非结果。其次，本研究未能反映受该社会化影响的学院资深教师，或其他子群体教师的观点。例如，本研究采用方法的一个明显局限是未直接记录学院女教师的经历。再次，本研究未搜集学院学生的第一手经验，其他研究则直接记录和分析了这样的经历。然而，本研究的确记录了某种独特高等教育事业的内部工作过程。从管理者、学生或其他教师角度来判定这项研究是否成功，这取决于他们评判。至少，他们能从另一角度来观察自己日常生活学习的环境。不过想要阅读这本书，并不需要熟悉哈佛商学院的环境。因为你知道得越少，你的旅程会越有趣。而且，该研究只是抛砖引玉，旨在吸引更广泛的研究。

主要论点：无声沉默

本书结论基于对惯例的动态观点，提出一种被忽视的、使道德惯例化的方法——它摆脱了韦伯有关能动性与组织结构的矛盾关系。从理论角度，惯例的动态性常被忽略。玛莎·S.费尔德曼（Martha S. Feldman）和布莱恩·T.彭特兰（Brian T. Pentland）提醒我们，不是所有的惯例都会剥夺参与者自行决断的自由，即使像填表这样的日常琐事都允许自我决断。例如，警察在写抓捕报告时，可以自行选择写哪些细节或不写哪些细节。同样，像聘请员工、做预算这样的惯例，也有不同的方法，这都取决于谁来做这些事。个人积极参与各种惯例，为看似平淡无奇的组织生活带来动态变化。因此，惯例不总是意味着"不负责任"。而且，有些惯例（如无声沉默）不仅允许，甚至鼓励个人决断。这种惯例不会将个人判断的结果完全固化。

组织无声沉默包含哪些内容？组织无声沉默指某种需要参与者做主要决断，高层极少做直接指导的惯例。例如：教师给学生作业评分这一惯例，高层不会给出具体的评价标准，这就是一种组织无声沉默。同样，门卫给访客做安检，高层也不会特别规定细节，这也算组织无声沉默。推而广之，任何一种需要个人判断，但未规定具体细节的惯例都是组织无声沉默。

我所讲的无声沉默，指的是这种惯例深深根植于一个富含规范性标志的组织环境中。高层不进行直接指导并不意味着缺乏指导。以前学者注意到组织拥有许多暗含规范的非直接标志。在特定环境中，能感知的任何事物，无论是否特意被作为一种交流方式，它都可能是一个标志。

例如，其他成员讨论组织或相互表达某些特殊期盼的方式，都表示在组织中哪些行为被认为比较合适。相比而言，信号是特意安排的可见现象，旨在给接受者留下印象，提高特定结果发生的可能性。直接信号告诉成员具体要做什么，而间接标志只是指出什么可以做。因此，不管它们的意图如何，大量的标志能清楚地解释各种各样的组织行为。标志是无声沉默中的有声因素。

我们知道无声的主要功能是允许模糊。无声沉默也允许模糊存在，但是从一定程度上对它又有限制。这种相对的无声从某种程度上鼓励不同意见，但同时又限制了结果的变异。无声沉默并未试图解决能动性和组织结构之间的矛盾，反而从一定程度上要保留这样的矛盾。的确，要解决这一无声的难题需要成员的参与。自行决断和严格刚性的规定相结合，从某种程度上会结出内部不和谐的种子。因为几乎没什么会一成不变，那各种可能不同的观点就能在这些惯例中共存。从这个意义上说，无声沉默允许在明显的组织真空中，重复出现看似个人的道德再制定。

无声沉默的模式有警醒作用还是仅仅是错觉，这有待讨论。至少，它鼓励自我决断的感知能力。从某种程度上，自主权与坚持让成员进行自我决断从而实现认识统一并保持一致。这样一种"倒置的委托–代理"控制模型，成为了大型道德追求的关键。在这个模型里，代理人从表面上看似有决定自己行为过程的自由，但是仍部分由周围的委托人控制。（代理人最后所享有的自由程度，没有大部分经济学者预计的那么高。）更确切地说，通过管理个人决断和集体愿望之间的关系，无声沉默能解决道德惯例化中产生的难题。我将以哈佛商学院为例证明这个观点。

研究背景：哈佛商学院

与商学院相比，医学院、卫校、社会工作学院等更适合进行某种道德观念社会化的研究，因为这些学院显然在为具有很强规范基础的职业培养人才。但是在美国许多顶尖商学院内，包括我研究的这所学院，如果不是为了实现其社会功能，它们要培养的技能将十分有限。如果这些学院的目标只是让学生获得专门技术，那职业学校就能取代（历史上就是如此）这些顶尖大学附属的商学院。但是在许多一流商学院中，教师提供的教育旨在塑造学生，将某种新的或者至少是显著的视角传递给学生。这种视角具有明显的道德特性，我将在后文加以讨论。

不是所有的商学院都有这样的目标，或者像哈佛商学院这么明确。这种道德修辞（moral trope）在黛布拉·施雷夫（Debra Schleef）所说的"高排名"学院中或许更明显。而且，不是所有高排名商学院都拥有相同的模式。因此本书的研究成果并不一定适用于所有商学院，更别说所有组织了。但是它们的确适用于任何要在成员中鼓励某种社会规范观念的学术或非学术组织，包括美国女童子军、耶稣基督后期圣徒教会、全食超市连锁等各种组织。从历史上看，美国许多顶尖大学也是这样的组织。历史学家丹尼尔·布尔斯廷（Daniel Boorstin）写道："在美国，大学变得更加注重知识传播而非学术进步或传承。"布尔斯廷指出"三所最古老的大学——哈佛大学、威廉玛丽学院和耶鲁大学——是英国人为在其殖民地支持国教而设立的"。这说明这些大学从设立之初就同时担负在教育的同时进行社会化的责任。同样，我假定美国顶尖大学附属商学院的出现是一种社会化努力，而非使用诺伯特·伊莱亚斯（Norbert Elias）采用的"文明化"工程一词，社会化努力旨在描述那些鼓励选择性行为的事业。

商学院成立的历史背景，即19世纪的美国社会，从某种程度上催生了如今许多顶尖美国商学院的道德使命。正如查尔斯·佩罗（Charles Perrow）所说，兴起的制造业精英中包含形形色色的人，拥有大量土地的绅士、富有的商人，还有农民、小业主和工匠。"的确，只要是非爱尔兰裔的白种人，都可能成为新兴的精英。"佩罗最后总结道："这里几乎没有需要盲从的传统。"在这样的情况下，新兴精英雄心勃勃地开展社会化项目，这显然不奇怪。拉克什·库拉纳（Rakesh Khurana）指出："科学是维持社会秩序、实现社会进步的工具，这样的说法有时跟科学从本质上说是道德的活动这种论点合二为一。同理，学术型（商学院）企业家推崇管理科学，有时也意味着它从本质上说是一种道德和伦理工具。"将管理科学与道德合并，有助于增强对发展某些学校的需求，这些学校会对这类不断增长的社会阶层进行适当的培训。

换句话说，这些顶级商学院的使命不仅仅是教企业如何经营，还要教企业如何运作。这种道德使命得到早年许多大学商业教育核心人物的认可。哈佛商学院第一任院长接受了这种观点，将商业定义为"一种规规矩矩地销售货品、获得利润的活动"。在这里他用了"规规矩矩"一词，强调他希望在商人中树立一种强烈的责任感。同样，学院第二任院长将树立和加强"具有社会意识的商人"作为商业教育的核心目标。"增加用有益于社会的方式解决商业问题的商人"也成了其他商学院的目标。顶级商学院找到了解释其追求并为之辩护的语言，而他们的教师则是这种语言的捍卫者。

哈佛商学院的成立遵循了这种精神。1908年，哈佛大学校长认识到"高层次的商业活动已经成为一种高智商使命"，因而同意成立商学院。这给完成这项使命赋予了神圣的意义。这个理念还给学生未来的工作赋予了个人甚至社会意义。其他一些证据也证明创立商业教育是一条神圣的，甚至是宗教性的道路，人们将商人比作牧师。1927年，在商学院新校区落成仪式上，通用电气主席预言哈佛商学院"将竭力与不懂商业的商务部抗争，我们现在的部长们将会一败涂地"。这清楚地指出了学院目标与道德之间的联系。

自从成立以来，学院反复重申道德工程。在学院成立之时，哈佛大学校长说，鉴于商业的日益壮大，需要向"维护（商业）伦理标准迈出坚定的步伐"。学院首位大捐助者乔治·F.贝克（George F. Baker）也曾清楚地解释过他的首要目标。他在1924年说："我把一生都献给了商业。我要成立第一所研究生院，开始确立更好的商业标准。"随着时代变迁，学院的目标得以拓展，但道德使命依然十分重要。例如，在1963年，学院概览将"品格"和"诚实正直"列为"优秀管理者"的品质。1992年，当时的院长说有位校友对某个现象感到很失望："很多顶尖商学院和法学院的毕业生经常以这样或那样的方式受到证券交易委员会的调查。"他引用这位校友的话旨在说明"毫无疑问，学院在这样的事情上应该承担更大的责任并要发挥更大的作用。"尤其是日常道德实践的作用引起了学院继任管理者的注意。

但是，推行更佳的商业标准并没有成为学院唯一，甚至没成为其主要目标。历史学家阿尔弗莱德·钱德勒（Alfred Chandler）注意到，学院一开始提供的课程表明，它在专注于将学生培训成能在不断壮大的跨国企业中工作的管理人员。而且,学院的道德目标经常受到挑战。早在20世纪30年代,批评家就质疑过商业教育的道德要求。例如,除了买卖、计算、交易外,商业教育还鼓励发展什么技能?20世纪70年代,两位密切关注美国教育的观察家评论道,工商管理领域与其他学术专业相比,很少及时关注广泛的社会问题,也不会特意改变社会的规范秩序。尽管有这样的批评,但不能完全忽视学院管理层传播更高商业标准的意图。夸张点说,某种道德议程在激励着学院的创新。本书试图阐述某种体现这种标准的视角是如何产生并惯例化的。

本书内容大纲

在接下来的章节中,我将详细描述新入职教师在学院遇到的无声沉默模型。本书通过展示学院中不同组织模块如何有机结合,解决道德惯例化问题,让读者慢慢深入了解学院内部运转过程,然后再将这种解决方法扩展至其他环境。我希望在读完本书之后,读者能将研究结果运用到自己所处的环境中,了解道德追求惯例化的目标与不足。

本书前两章介绍学院的工作环境(包括物质和学术环境)如何展示某种特殊的世界观。第一章带领读者了解学院的物质环境,揭示学院试图将一个人口密集的社区转变得更加有序,指出校园中教师、员工、学生等各种不同的人群能和谐相处。因此,这个关系和谐、阶层分明的小镇作为教学活动开展的自然环境,也许是学院第一个且是最明显的一个有声背景。

第二章介绍学术劳动力市场也引进了有序的企业运营模式。根据学院独特的评价方案对教师表现进行考核，这种独特的视角逐渐被推广至教师中。其他许多学院和大学推行"不发表就完蛋"的政策，将教师业绩评估外包给学术出版机构，但是哈佛商学院还注重管理的相关性，这让评估变得更复杂。在哈佛商学院，相关性和学术性一样神圣、一样重要。很多新入职教师发现学院的学术规范与他们以前接受的不一致。例如，他们慢慢了解做有"相关性"的研究与简单的做研究不一样。同样，学院重视将研究成果传递给包括非学术界人士在内的广大民众，这对新入职人员来说也很新奇。学院通过创造新的体系评估学术纯洁性，推行一种对商业领域学术成就的有声观点。

接下来的三章记录的是，学院在有以上的有声提示的情况下，如何竭尽全力将相对无声的观念写入脚本至正常运转的日常教学惯例中。有关教学及其他活动，除了道德教育之外似乎都被写入了脚本。第三章描述了一个完整的学期教学过程，并记录了学院的日常教学支持惯例。这些惯例帮助教师熟练地进行课堂授课。从课前教师小组讨论到准备课上讨论提问的学生名单，学院做了很多组织工作，以保证课堂教学顺利进行。与教学不同，一节课能学习的核心要点——尤其是道德内容——通常不由学院直接安排。

这种严格的规定与自我决断的结合也体现在支持课堂教学的组织文件，即案例教学手册上。第四章随机选择了工商管理硕士第一学年课程中的某一教学手册，对其进行分析研究。在第一学年，工商管理硕士研究生被分成约90人一组的班级。班级如同一个微观社会，教师受托对学生的学习负部分责任。所有班级学习类似的课程。覆盖大部分教学过程的教学手册帮助教师备课，也可能预先决定了某些教学结果。但是分析表明，即使教学手册规定了很多教学内容（如引导问题用于引出对某一案例的讨论），但是教授这些案例的首要目的并未明确。从这种意义上说，教学手册鼓励发展教师的某些自主行为。

无声沉默不仅仅存在于教学过程中。第五章研究教师的非教学活动，深入理解学院赞成哪些视角。例如，除了教学外，学院希望教师审查学生是否有资格继续在学院学习。他们负责确定哪个"上榜"（就是学业成绩不佳）的学生可以继续回来学习。此外，教师在接受校外工作（如做咨询顾问）时，要获取适当的报酬。这里的"适当报酬"指的是，获得的收入要么与学院的名声相称；要么这份工作很有价值，不收报酬也行。教师在确定哪名学生能回来上课，或哪份工作值得放弃酬劳上，具有自行决断权。这两方面的惯例都不会限制哪些是合适的行为。

鉴于教师自发行为具有不确定性，第六章研究了商学院这一组织模型中所需要的"质量控制"。只有让"了解情况的"个人，在富含非直接标记环境中做自行决断，无声沉默才能起作用。本章指出，在历史上，学院主要依靠一批大部分由内部培养的教师——他们的最高学位由哈佛商学院或哈佛大学授予——来维持学院的传统。这样的教师一旦被招募或获得晋升，学院管理层只需努力帮他们备课、讲课、维持课堂，不太需要关注学院总体目标的传递。增加外部培养教师有助于拓展教育事业，但也使学院在设计过程中未明确制定规范性观念的这个系统变得更复杂。教师组成如果发生巨大变化，容易削弱学院质量控制的能力，使其推崇的视角得不到有效推广。如果不共同努力关注道德内容，学院的主流道德认识就会渐渐改变。即便如此，学院环境仍然拥有许多有声标志，给教师自我决断设定界限。这些标志结合起来，就限定了能实施自我决断的范围。总而言之，这种无声沉默的组织模型产生了一些模棱两可，允许各种观点在适当的范围内共存。

在结论部分，本书依据以上分析，又回顾了道德追求惯例化的希望和限制，还探讨了本研究对理解高等教育和企业道德的启示。首先，我总结了用无声沉默来解决道德惯例化问题的方法。在总结的同时，我还详细列出无声沉默模型的特征，其中很多既是组织的优点也是它的缺点。依据本研究结果，我认为无声沉默是否是组织社会团体最佳的方式取决于个人对道德教化工程本质的理解。更具体地说，我认为道德秩序——或要服从共识——需要有声，而道德追求——（重新）发现这些共识——则经常依赖部分的沉默来达成。因此，在特定环境下，无声沉默可能比它看上去要有用。

将"礼貌"、"得体"写入组织脚本这样的目标十分诱人，因为它包含了将某种预期道德追求放大的希望，因此可能会影响很多人。同时，这种脚本化方式经常受到抵制，因为人们认为这会毁灭道德。（从这个观点看，道德需要被内化成真诚的思想。）我希望本研究成果能解决此种争论。本书不仅关注惯例规定的事项，还关注它允许的事项，并为分析道德和组织惯例提供了一个新的分析方法。惯例不仅仅限制成员的行为，它也授予一些权力。将无声沉默写入脚本似乎是一种危险的方法，部分原因是它寄希望于个人层面，所期望的视角能魔法般出现。而且，这对某些组织成员来说要付出高昂的代价，因为它将可能的道德范围缩减了。尽管如此，要让道德世代相传，也许正需要采用这种危险、代价又高的方法。

第一章　通往世界的天桥

/////////////////////////////////////

> 起初我们一直往前航行，了解地形状况，记下笔记……"我们先来个地理发现之旅，"我建议："查看这里的地理状况，回到这里再加油。因为你们航行速度很快，我们有时间跑遍这个地区，还能赶回来。然后我们可以在船上给补给队留下地图。"
>
> ——夏洛特·帕金斯·吉尔曼（Charlotte Perkins Gilman）《她乡》

现在是早上七点半，我徒步去学院上班。在去学院的路上，蜿蜒的街道两旁是一幢幢两三层木质楼房，一直延伸到河对岸的校园。我习惯把闹钟定在六点半，但是有课的时候，几乎用不着闹钟。我在六点钟就自然醒了，一想到马上要给学生上课，心里就会敲响警钟。河面上运动员在练习划船，他们身后就是学院的主要建筑，其中高高矗立在校园中的图书馆尤为显眼。从远处看，学院规模庞大，风景宜人，令人叹为观止。天气好时，穿过查尔斯河走进学院，感觉像是走进了一张漂亮的明信片。

去学院有很多条路。我走的这条正式的名称是约翰·W.威克斯桥，不过人们通常叫它"天桥"，因为只有行人才能走。天桥附近比校园和镇子的其他地方都乱些，和马上要看到的整洁干净的校园形成鲜明对比。一群群大雁在河岸边给地施肥，草地上到处都是它们掉下的羽毛。灌木丛疯狂生长，人们几乎都找不到下脚的地方。而且在天气暖和的时候，有些疑似无家可归的人就睡在天桥附近。很早就有人警告我："要小心天桥，那里不安全，最好不要去。"不过这是从我家到办公室最近的路，这里人流量不小，而且校警在这里安了一个紧急电话亭，所以我感觉很安全。

"不安全"的约翰·W.威克斯天桥,凯瑟琳·哈蒙德(Catherine Hammond)摄。

过了河后,行人在到达学院前还有最后一件烦心事:要忍受从天桥引桥下快速穿过的车子发出的轰鸣声和它们排出的废气。不过进了安静整洁的校园之后,立马觉得忍受最后这点不愉快也十分值得。我很喜欢这种鲜明的对比,这凸显了校园应该营造的环境:一个独立、静谧、有序、坦率的世界。

监督校园建设施工的建筑师很明智,他注意到中标的规划图没有"将校园所有的建筑完全暴露在校外公众的目光下"。的确,校园形成了一个紧凑、封闭的社区,步行走进校园会让人为自己能成为这个社区的一分子而感到庆幸。正如学院主要捐助人乔治·F.贝克希望的那样,走进哈佛的人都会被"这个古老大学静谧的氛围、良好的品位"所震撼。这种氛围由各具特色的建筑设施有机结合营造起来，形成了有序的校园环境。

建筑物的空间布局和它们的使用模式是了解社会行为的重要线索。它们不仅能指出真正发生了什么行为，还告诉人们这里鼓励什么样的行为。对空间布局的审美可以看做是社会行为基础理论的表现。比如，类似的学说就推动了欧洲现代主义建筑的兴起和科学管理学的发展。莫罗·纪伦（Mauro Guillen）研究过它们的发展历程，他注意到建筑美学"不一定是理性元素，但却是合理化的元素"。也就是说，独特的社会秩序与特殊的审美保持一致，反之亦然。我从学院的环境讲起，不只是因为它自身的美丽，也因为建筑审美指明了这里期待个人的哪些行为。

小而安宁的镇子

学院里的绿化和建筑与附近河两旁的明显不同。步入校园之后，映入眼帘的就是修剪得整整齐齐的草坪和修缮完好的建筑。无论在什么季节，地面总是干干净净的。工人们一直在忙着修剪树枝、修理草坪、填补道路上的坑洼以及铲雪。冬天，在第一场雪来临之前，工人们会在大草坪的角落里插上涂了颜色的木棍，让开着与高尔夫车差不多大的雪犁的除雪队知道哪里的雪不用清除。秋天，工人们仔细地将树叶堆到远离主路的地方，然后用车推走。所有连接校外和像图书馆、员工办公室等主要建筑的路一直都很干净，不会影响交通。

校园里打扫落叶的工人，艾琳·麦克菲（Erin Mcfee）摄。

这校园那么大，人员众多，却到处都静悄悄的。学院教学区的面积就占34英亩，日间"常住"人口达3200人，包括教职员工、在读工商管理硕士和博士生。整个校园就像一个小镇子。（这些数字不包括每年在此接受高级管理培训的9000多人，他们每次只在校园里待几周；也不包括学生公寓的居民，他们不属于商学院。）校园如此安静，其中部分原因是校园所需物资的收发都集中在校外某处。在那，所有进出校园的物品（包括食物和垃圾）都通过地下通道收发，不会影响地面的正常生活。

校园拒绝大部分机动车辆进入，设立这个规定是为了鼓励人们步行，增加在步行道上面对面接触的机会。出租车，通常是黑色的豪华轿车，耐心地在校园外等待乘客。根据校园的总体规划，限制车辆"是为了更好地营造一个风景宜人的步行专区"。从20世纪80年代以来,大部分车辆已在校园里消失。"在以前汽车-卡车占据的地方,如今大量的树木和鲜花"成了主要的风景。当然校园里偶尔也会出现小车,但只是一闪而过,不会停留太久。校园里道路的弯道都经过精心设计,从任何角度都不会看到过长的柏油路。这种屏蔽行人视野的设计有助于"合理营造更多家的感觉"。

这些布局策略,与校园从修建之初到现在的设计,都保持一致。在首批学生搬到学院现址时,小居民区的理念已经开始盛行。虽然学生人数相当多(1926年已达到521人),但学院仍为在校园中营造小镇的氛围做了很多努力。比如,过去每个学生公寓都有自己的餐厅。虽然从20世纪20年代以来,每年入学的学生数几乎翻了一番,但这种社区氛围依然保留了下来。

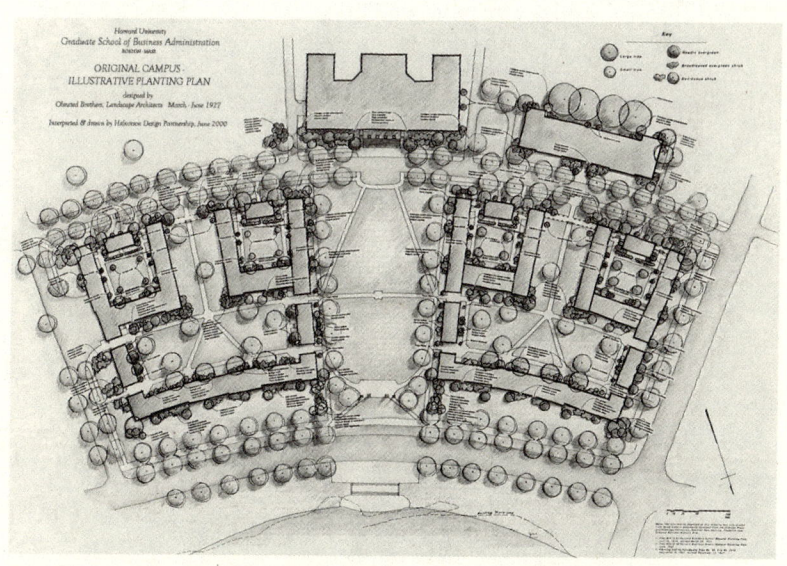

校园公共区域原始总体规划图,摘自《哈佛商学院原始景观设计(1925—1927)》(哈尔弗森公司,2000)。

若将此学院放在其他社区研究的环境中,校园日间人数(3221人)大约是赫伯特·甘斯(Herbert Gans)研究的叫做莱维敦(Levittown)这一美国郊外社区早期人口(11861人)的四分之一,但是校园的面积(34英亩)只占莱维敦总面积(4928英亩)的百分之一,因此学院的人口更密集。换一组数据比较,学院日间上课的人数,约与马里奥·路易斯·斯莫尔(Mario Luis Small)研究的波士顿南区公寓人数(约3000人)相当,但它占地面积是学院建筑面积(20英亩)的两倍。换句话说,学院校园的人口总数相当于一个小镇或者大城市的一个街区,且面积仅与后者相当。

但是,与大部分小镇或街区不一样的是,这里几乎没什么指示牌。学院大楼由捐助人的名字(如彭博〔Bloomberg〕、摩根〔Morgan〕等)来命名,但显然这只是为了纪念这些慷慨的捐赠者,而不是为指明方向而设定的。新学年或新课程开始的时候,学院会选择性地放置一些临时路标引导新生,但是新生一旦熟悉环境之后,这些路标在几天内就会挪走。在宿舍区,人们一般会默认宿舍成员知道要往哪儿走。一般来说,大约有70%的学生住在校园内。二年级学生住校外的人数比一年级要多一些,但是许多还是住在校内。大部分修习高级管理培训课程的学员也住校。

学院的居住体验解释了为什么校园不仅是学生平日学习的环境,也是他们夜晚、周末生活的场所。对于学生来说,学院有时被认为是"二十四小时全日无休的教育体验"。而且,直到20世纪50年代末,很多教师,尤其是未婚讲师,都住在校园里。如今,只有学院院长在校内有专用住所。不过,学院依然坚持其成立之初就设想的打造寄宿制的这个理念。

　　小镇的环境给人提供很多交流的机会，我走路上班的途中总会遇上熟人（包括学生）。即便远在校外，河的另一边，这种偶遇也时常发生。学生通常穿着饰有学院徽章的外套，很容易就能辨识出他们是哪一届哪个班的。（每届工商管理硕士学生一入学就被分成十个班，每班大约90个人，以字母和毕业年份来区分，比如2010届B班。）我很快熟悉了大部分在校园附近的人，学会了跟他们打招呼，遵守最基本的礼貌，以及偶尔认不出现在或以前教的学生引起的尴尬。我会强迫自己必须迅速认识周围的人。这样，我们"认识"的人数急剧上升。如果一名老师每年教两个班，那在第二年结束就教了大约360人。

　　一旦进了校园，大致就可以猜到自己会遇上哪些人。在特定时间，尤其是在上课之前，人们有秩序地从一个地方走向另一个地方。尽管校

安静的图书馆钟楼，韩磊（Han Lei）摄。

园的小路跟原先的设计有些许不同，但是"让行人直接且准确无误地走到目的地"这样的原始设计理念，依然得到有效的执行。为了缓解人流压力，减少人们在餐厅等待的时间，不同年级学生上课的时间是错开的。例如，二年级学生最早在上午8:30开始上课，而一年级学生一般在8:40才开始。（两年制工商管理硕士课程分为一年级的必修课和二年级的选修课。）大家也许以为图书馆钟楼上的钟会在上下课时敲响，但是阵阵钟声会影响到在上课的师生，所以钟楼实际上是安静地统治着校园。

尽管图书馆的钟楼很安静，但它展现了学院的历史，尤其是商学院与哈佛大学之间关系的变化史。在商学院成立到搬到现址期间（1908–1926），商学院的募捐仪式都在哈佛大学主图书馆举行。而"有些大学成员，从未赞同过成立所谓的唯利是图型企业"，他们痛恨这种融合。（更多带恶意的评论家建议哈佛与商学院脱离关系，让它成为"波士顿商学院"。）后来学院在商学院校园里专门建了图书馆，才减少了这些批评。图书馆现在挂的钟是老钟的复制品。当年有人从俄国为哈佛大学做了一套18口钟，送到哈佛后，发现其中有两口声音很像，就把其中一口送给了商学院，就是那口老钟。有些人认为商学院的书在哈佛图书馆不受欢迎，商学院也被认为是接受这口不受欢迎钟的合适地方，这都表明商学院起初在哈佛的地位十分薄弱。大约70年之后，商学院某位毕业生为商学院和哈佛赢得了新的神圣的钟。（新钟捐赠仪式就在将原来的钟还给俄国时举行。）这一次，商学院帮哈佛获得了新的钟，这表明商学院在哈佛的地位上升了。商学院图书馆前的纪念牌向路人讲述了这段历史。

塑造和驯服自然

　　早上从图书馆经过时，我经常能瞥见新的植物。一年生的开花植物在花季之后，就会被随后开花的植物所取代。没有树叶的植物总会神秘地忽然消失。甚至突然出现一棵大树，将学院附近与其环境风格不搭的新建筑挡住，这样的事情也经常发生。学院大部分人已经逐渐习惯期待塑造自然这样的活动。学院成员觉察这些改变的能力，强调了要注意保持环境卫生，也表明大家养成了期待整洁的偏好。

　　学院中大部分的花都是白色的，这不仅仅是园丁的一时兴起。根据奥姆斯特德兄弟（Olmsted brothers）最初的景观设计，白花与建筑的红砖形成鲜明悦目的对比，又与它们的白边相呼应。在伏牛花、流苏树、香槐等开着白花的灌木和乔木的映衬下，学院的建筑尤其显眼。各种各样的植物为"学院严谨的建筑风格增加了活力和多样性"。在这里，游客驻足拍开花的树和在草丛中休憩的兔子，这对学院里大部分的人来说见怪不怪。游客纷纷购买明信片，校园融入了周围的景致，证明了它的美丽。

　　在安静的清晨，人们能看到很多兔子和新英格兰松鼠。它们像其他兔子和松鼠一样到处漫步，寻找食物。不过这里流传着这么一个笑话，说商学院的松鼠会定期洗澡。当然，没人相信这是真的。不过它们直立站在草坪上的时候，很容易就能近距离观察它们。它们的毛皮发亮，的确像是好好打扮过一般。尽管笑话不可信，但是它们跟神话一样，经常揭示相关环境的一些令人不安的事实和紧张。松鼠因为住在校园里，就有了养尊处优的假象，用一种异乎寻常的方式反映了学院努力想为学生制造"改变的体验"。

在学院待了几个月之后，大家都适应了地面的整洁，一旦发现垃圾，就会十分注意。例如，有一天早上，我发现草地上有什么东西不一样：一个白色的小东西影响了草坪的整洁。它又平又窄，还是尖的，仔细一看原来是个领插。我很奇怪这样的垃圾竟然没有被清扫掉。中午我再经过的时候，它消失了。有些时候，我发现"有些不整齐"是有意为之的。又一个早晨，我注意到草地上有一条大的自行车锁，拴在一条沉重的木凳腿上。我以为有人把锁忘在那儿了。但是沿途又看到另一条凳子的腿上也拴着一把锁。哦，原来是防盗的。这也能防止凳子被挪动，保证它们能摆放整齐。

校园建筑的正面都很相似，这让校园显得更加整齐有序。除了少数例外，它们大都是新乔治亚风格的建筑。正面都是红砖白边，会让人想起这个国家的起源。包括图书馆在内的学院所有建筑，都围绕一个焦点，即被建筑师称为"明显是哈佛"的大型学生活动中心。它又被其他观察者称为"漂亮的乡村俱乐部"。在2001年该建筑启用仪式上，建筑师解释说："一所大学跟一家企业或一个产品一样，需要有自己的商标。"对校园里的学生和游客来说，识别学院的商标很容易。虽然这里的建筑会让人想起其他新英格兰的大学环境，但是哈佛商学院的建筑应该是最吸引人、最统一的。这里有29幢建筑，总建筑面积达120万平方英尺，大量的红砖、修饰的白边以及周围开白花的树木都给人留下深刻的印象。自1926年以来，学院的建筑就秉承统一的传统，新的建筑沿袭旧风格，表明学院在努力塑造和驯服自然。

保证室内整洁

一走进教师办公大楼,大家就会马上忘记外面来来往往的人群。门口设有两道门——外面一道是绿色的木门,里面是玻璃门——保证楼内温度不受外界影响。在工作时间外进入大楼,需要刷教师或员工卡,避免里面的人员受打扰。走进主办公楼摩根厅,就能看到一辆小餐车,听到喷泉舒缓的声音。在这幢以19世纪银行家约翰·皮尔庞特·摩根(John Pierpont Morgan)命名的办公楼里,近170名教师和学院几乎一半的助教及后勤人员在此办公。所有办公楼都在图书馆附近,像金融系、市场营销系等同一个系的教师办公室都在同一楼层。

小餐车全天候为教师员工提供食物,早上主要是咖啡,还有水果、点心和燕麦粥;中午有汤、三明治、沙拉以及更精致的餐点;下午则有更多的咖啡和蛋糕。主办公楼出入证也有支付功能,因此在校园里用不着现金和信用卡。教职工进入大楼,往办公室走的时候,会通过一个铺有大幅马赛克图案的中庭,它有三层楼高,周围环绕着喷泉。马赛克图案足足有500平方英尺大,只有站在几层楼上,才能看清整幅图。(在古安提俄克,人们通常在公共浴池底部铺设这种图。)在这幅图中间,海神忒堤斯安详地凝视着远方。跟图书馆的钟一样,这幅马赛克图原本不是送给商学院,而是给河对岸哈佛学院的福格艺术博物馆的。但是由于它太大了,在那儿放不下。在哈佛大学校外存放了几十年后,1989年商学院得到了这幅马赛克图,并于几年后铺了出来。在所有大学建筑中,摩根大厅是为数不多能容得下这幅大图的地方。这幅图在校园人口最密集的地方表达了一种永恒的感觉,大部分新来的人员都会驻足观看。

　　我走进三楼的办公室后,会把外套挂在能放几件套装的衣橱里,将公文包放在沙发上,检查有没有电话留言,然后登录电脑,电脑显示默认屏保——哈佛的真理校徽。我的办公室跟其他教授的办公室高度一致:一张办公桌、一把椅子、一个书柜……和座位表。每个教学学期,大部分教师办公室的墙上,通常是在办公桌上方的那面墙上,都贴着这些用24×30英寸纸彩打的座位表。每张表都从讲台角度呈现了每个剧场般教室的座位安排情况,这样能帮助教师辨认他们的学生。学生的座位都是安排好的,表上每个座位都印了学生的名字和照片。这些座位表就像放大的高中年鉴,或某所事务繁忙的警察局的招聘告示。这些表都要在课程开始前几天打印出来,收到这些表就意味着新的学期马上要开始了。

　　学院的其他标准特色就是规模大和整洁,再讲一些例子,让大家有更完整的认识。学院办公室很大,足足有250平方英尺。对访客来说,办公室里的布置更能加深他们对其面积之大的印象——无论办公人员级别如何,每间办公室都有一个三人座沙发和一个木质咖啡桌。沙发都是统一配置的,是蓝色、灰色和绿色协调搭配的布艺沙发。访客觉得这样的设施很奢华,但是教师们却开玩笑地说,提供这些沙发,是为了在暴风雪天气或者发生其他突发事件时,教师能在办公室睡觉。言外之意就是,无论发生什么情况都必须上课。有些访客们评论学院办公室的长沙发,有些谈论办公室的木镶板,还有些则说办公椅上贴的是名牌标签。然而让我觉得奢华的是,与我现在的办公室相比,我在纽约读研究生时所住过的那些所谓的家都太小了。

大部分教职员工很快就适应了整洁的环境，不仅户外要整洁，办公室里也要如此。像脏的窗户或者破旧的毯子等碍眼的东西几乎都看不见。如果出现了，助理会立马联系清洁人员或主管解决。一般不会再出现同样的过失。联系清洁人员最佳方法是通过他们的主管（白天办公），因为学院清洁人员在晚上和夜里工作。尽管我的工作时间有时有些与众不同，我从未亲眼见过办公室的清洁人员，除了他们的照片。我在一本与哈佛大学工作人员有关的书上看到了三名哈佛商学院的清洁人员。照片下方列出了他们的名字和拍照的具体时间：阿马德奥·洛佩斯（Amadeo Lopez），凌晨2:18；拉里·塞古拉（Larry Segura），凌晨3:30；菲尔·勒布兰（Phil LeBlanc），清晨6:30。

　　办公室的整洁并不只依赖清洁人员的努力，其他教职工和学生都在努力保持环境的美观整洁。例如，一位年轻的同事，在商学院工作了几年后，他办公室的墙上竟然还是空荡荡的。一次他母亲来看他，有个资历稍长的教师指着空荡荡的墙，面带微笑，当着他母亲的面问："你准备搬走吗？"不久，他的办公室墙上出现了一幅裱好的画，是他母亲送的。学生也会帮着美化办公室：一年级新生和上某些管理课程的学生一般在学期末都会送老师礼物。大部分礼物，像集体照、有全班签名的教学案例复印件等礼物都是裱好的，似乎就是用来装饰办公室的。（这些礼物也能展示教师受欢迎的程度。）

　　学院另一个特征就是办公室改头换面的速度快且专业。实施过程的精准增强了校园的秩序感。我比原计划提早一天去了学院，打算将一些东西放在新办公室里，发现他们在扯地毯，重新粉刷墙，换家具。第二天再去的时候，一切都已经就绪，门上也换成了我的铭牌。如果我要搬到校园的另一间办公室里，他们会拍下原来办公室的摆设情况，确保办公桌上的纸张以及书架上的书都原封不动地放好。（一般说来，学院每年有超过15%的教师会换办公室。）所有搬家事宜都会很顺畅，不会影响到其他事务。

疏散人流

在有课的日子，尤其是上早上8:40的课时，我在去教室之前只会在办公室做短暂停留。如果有几位教师同时给不同班级上同样的课程，几位老师会习惯性地集合，一起去教室。（一年级新生和同班同学一起上所有课，所以不同班级会同时上同样的内容。）在课前十分钟左右，大家能看到教师们三五成群地往教室走。这种短暂的同行向教师提供了很好的机会，来调整教案，了解与教学案例相关的最新研究动态——如公司的股价或案例主人公新近的工作——或者只是在课前放松一下。不同群的教师们穿过小路时，会互相打招呼，但不会闲聊，以免让自己或同事分心。

学生一看到教师们一起从远处往教学楼走来，他们就知道要开始上课了。不过在天冷或者下雨的时候，却不容易看到他们，因为很多教师都会从连接办公室、教室或校园其他建筑的地下通道走。这些地下通道原本是为中心厨房向各个老宿舍餐厅送食物而建的。学生经常通过这儿从宿舍跑去教室；教师则通过这儿从办公室到教室；上高级管理课程的进修学生有时也会通过地下通道去健身。教师和学生一般只会在图书馆下的地下通道碰面。因此教师也不完全了解学院的地下通道系统。

　　白天，在校园里办很多差事，完成很多日常琐事很容易，这也为校园中不同人群相互接触提供了机会。跟小镇子或小区一样，校园能提供各种相关服务。除了住宿、用餐和办公设施等，学院还有一所邮局、各种体育设施（网球场、一个体育馆、一个室内跑道）、一个多教派教堂、一个日托中心和几个公证员。哈佛商学院还是哈佛大学第一所有全职医生的研究生学院。虽然学院需要依靠校外援助来应对急诊，但是校园里有一支小医疗队提供普通医疗服务。所以在商学院的人，尤其是住在校园的学生，普遍有一种属于某个完整机构的感觉。

　　与任何小镇一样，校园中也普遍存在社会差异。用餐安排放大了这

哈佛商学院图书馆有序的状态，凯瑟琳·哈蒙德摄。

些差异。午餐在正午之前开始出售，此时校园内交通正好繁忙起来。大部分学生在学生活动中心的大自助餐厅吃午饭，但是教师的选择面要更广一些，还能享受专门服务。除了学生餐厅外，教师还能在图书馆一楼的教师餐厅（"the Commons"）、高级经理人培训基地里更高档的教师俱乐部用餐。在夏天，教师每周还能在院长的花园吃一次午饭。这三个地方只对教师及他们的客人开放。设置教师餐厅的目的是在不同院系教师中增强社群意识。

早在我试图带领访客来我办公室的时候，我就注意到校园中存在各种明显不同且无交集的群体。一位来访的朋友打电话告诉我，他已经在校园里，但是迷路了。我问他具体的位置，他描述说："我看见一个雕刻的女人头像放在一个大石头基座上。还有几片草坪和一些小的砖混建筑。"我想不出校园哪里有这样的雕塑，甚至问他有没有过河，怀疑他其实还没到哈佛商学院地界上。我又问了他能看到的建筑的名字，他说了我办公大楼的名字。我下楼去接他时，仍然没想起来他之前站在哪儿给我打电话。他就指了指远处学生公寓区中心的一个雕像——那个地方我几乎没去过。

一些建筑，像体育馆、教堂等，都旨在提供一系列综合功能，但是它们所达到的功能整合度却不一样。校园里最民主的地方也许是运动中心，尤其是体育馆。学生、职工和教师都在此健身，但是大家很少交流。在力量训练房，人们一般都不讲话。力量训练者都把注意力放在训练器械上，而且通常都戴着耳机训练。在进行有氧训练等的健身房里，练习者在锻炼时通常阅读案例或论文。他们也许互相认识，但是一般都不会聊太长时间。相比之下，教堂更适合交际。这里举行的大部分活动都是由学生或员工组织的，有些教师会参与，但是各种活动的参与者都比较单一。比如，一些傍晚现场音乐会主要吸引员工，而非教师或学生。

在一天结束的时候，学生或许会跟走向自己车子的教师和员工擦肩而过。行程和目的地不同，使得校园里出现明显不同的人流。大部分拥有停车许可证的教师都用特殊的日间停车场，而学生几乎不用。（住在校园的学生喜欢用另一个能通宵停放车辆的停车场。）我回家也会路过天桥。它很狭窄，让各类人群有机会碰面，这种情况在校外更普遍。很多研究生、高级管理班进修人员、访客都走这座天桥，但是很少有教师从这里上下班。从这里走过，经常提醒我校外存在着一个更杂乱的世界。

学院的建筑、花园、地下通道和办公室都体现了一种由来已久的秩序，尽管它一直在慢慢地改变，但是深深植入在学院的文化中。从这种意义上说，通过参观学院校园——进入校园的道路、绿化、餐厅和地下通道——能感受到学院组织化的视角。无论是地上还是地下，楼内还是楼外，学院的布局总在提醒大家采用何种恰当的举止。校园中住校学生多、流动性大，需要重复且有目的地塑造他们的行为。访客们会注意到校园的整洁、安静和新乔治亚式建筑，但是一种不太明显的有序化进程也在起作用。虽然学院鼓励教师、研究生、进修生、职工开展非正式的互动交流，但是这种交流很少。日常活动、便捷进出校园的通道以及行程的限制都影响了这种互动。每天大家都生活在一个由不同人群组成的和谐的、小镇式的社区中。

在组织中，人们经常觉得环境布局、空间和其他有形的特征是自然存在的，但是它们体现了组织规范和组织期待。物质元素不是固定的方案，可以改变，但是它们也展现许多文化标志。不同造型的空间收藏了特殊的社会历史，其实这是有目的的持续努力的结果。例如，凡尔赛宫花园里的树和其他植物，它们的位置都是精心安排的，表明了统治者想号令海外的野心。同样，如果不能详细理解典型美国中产家庭的独户住宅（他们房间的窗子都朝向后院），就不能清楚了解这些中产家庭的生活。我们不能将小区的布局与它的社会组织割裂开来。然而，我们通常很难分辨是居住者塑造了周边的环境，还是周边环境决定了居住者的行为。芝加哥学派城市社会学奠基人之一的罗伯特·帕克（Robert Park），无疑支持后者。他坚持"思想"是"行动中发生的事件"，这种说法反映了他的观点。在帕克看来，在某一真实环境中的行动或有目的的运动塑造了思想（即个人如何思考）。如果不考虑方向性问题，很难反驳他这种思想和行动之间相互作用的观点。

在本书中，校园被比作一个小镇，但是它与大城市有一个重要的共同特征，即都渴望展示甚至创造某种"思想状态"。帕克写道，城市"不仅仅是一系列相关的机构和行政服务集群……它更是一种思想状态，一些传统与习俗，这些习俗所自带并通过传统来传承的有组织的态度和情感。"正如本章所说，校园的自然环境展示了学院秩序工程的效力。换句话说，它具有支持某种"思想状态"的能力。有序、整洁、安静的空间不仅仅有助于对教育事业的追求，还展现出这种秩序工程的努力。有序的小镇社区为这种努力树立了榜样和目标。

校园布局整齐和运转有序，让人觉得舒服，并且有吸引力。冬天，室外灯柱上的灯会在日落前二十分钟点亮，晚上不允许把车停在户外停车场（尽管那片场地没有什么其他用途），这都体现了一种永恒的秩序感。在以上以及其他例子里，如果不是道德秩序，那就是环境秩序融入了校园生活。查尔斯河上的天桥从几个重要方面反映了学院在努力建立秩序。天桥不安全有一定道理，虽然很少听到这里有犯罪事件发生，但还得保持警惕。但是除了安全外，天桥还是连接有序校园和外面混乱世界的通道，它让人们从校园进进出出。天桥代表了哈佛商学院与外界必需的联系，以及它希望控制进入校园的人流。除了校园布局外，哈佛商学院推崇的秩序也影响到教师的工作。这将在下一章做详细阐述。

第二章　重塑学术纯度

> 我们生活在二十世纪的最后一年,享受到如此简单又合理的社会秩序所带来的幸福。这种秩序似乎是常识胜利的结果。当然,要使那些对历史研究不多的人认识到,现有社会组织是在不到一百年的时间内完善起来的,的确有些困难。
>
> ——爱德华·贝拉米（Edward Bellamy）
> 《回顾》1887—2000

我在校园里碰到彼得（Peter），他是一名在接受晋升评估的年轻教师。他问我："还有几天，晋升申请就截止了，你资料弄完了吗？我的陈述还需要最后一轮同事反馈，弄好就可以提交了。我得确保所有人进度都差不多。"他的意思是，他所在院系的几位资深教授还要阅读他的陈述，就如何向学院其他教师介绍他的工作达成一致意见。陈述是有关某个教师在科研、教学、社会服务方面所做工作的简短小结。陈述加上教师已发表和将要发表的学术成果是申请资料的主要内容。我当时也在等反馈，然后提交申请。"快搞定了。"我回答他，希望这样说了之后真的就能弄完。

在还未获得终身教职的教师中，提交评估资料就像得流感那样频繁。它们之间最大的区别就是前者的时间更有预测性。这样的资料，为那些想让学术圈知晓自己的大学教师，提供了一个塑造过去和将来自己的机会。每一年，在资料提交截止的那一星期，在摩根厅都能看到装着大量资料（论文和书中章节的复印件、简历、陈述，经常都放在绿色的文件盒里）的小推车"咕噜噜"经过教师办公室，被推进电梯送下楼。最后，这些资料都集中放在院长办公室地下一楼的一间房间里，等待分发给学院内和学院外的评审专家。当彼得的盒子被推车送走时，他的助

一堆要被塞满的绿盒子，作者摄。

理会欢呼起来。为了搜集资料、编索引、装订和复印所有资料，她辛辛苦苦，一丝不苟地干了两个月。彼得要像她那样松口气，还得等到几个月之后，学院一般在四月和十二月左右宣布评估结果。

在大部分学术机构，这种"绿盒子惯例"是常规，但是在商学院，这一过程也展示在执行某种特殊的学术纯度——这一规范与教师在其他大学，甚至哈佛大学其他学院学习时所接受并内化的规范截然不同。在美国大部分研究型大学中，对教师的业绩评估"几乎主要依据出版学术书籍或在专业刊物上发表文章"。业绩与学术出版和在国内、国际同行中的认可度有关。哈佛商学院在业绩评估上的进步在于，它还考察教师的学术成就，这里的标准超出了传统的学术成就概念范围。在此，目标是要创造相关的学术成就。

商学院注重相关性，这源自于其在近百年以来（从商学院成立以来）都努力重塑学术纯度这一概念——一个类似爱德华·贝拉米（Edward Bellamy）在本章题词中所唤起的历史进程。社会人类学家玛丽·道格拉斯（Mary Douglas）说："纯度和无纯度之间的区别是将'制度强加在一种本身就有的无纯度体验上'。"不过将相关学术成就和纯度等同起来，这与大部分院外培养教师所定义的学术纯度存在分歧。

评估相关性

午餐研讨会、讨论会、每周推送的有关教师最新研究的电子播报、校园里的日常交流都为教师（无论青年教师，还是资深教师）提供评估彼此研究管理实践相关性的机会。但是每隔几年，申请晋升或续约的教师都要接受同伴更正式的评估，也许还能获得申请终身教职的机会。（通常，商学院和哈佛大学给每名候选人九至十年的时间准备申请终身教职。）青年教师在职业生涯的这些关键时刻，要让资深教师认可他们工作的质量和相关性。

与美国大部分学术机构采用的传统"不发表就完蛋"的业绩评估方法不同，哈佛商学院还考察"管理相关性"，在评估中经常用的表达方式是"适合"这样神秘的字眼，作为评估公式中的一部分。商学院管理层认为企业管理与法律或医疗实践类似。在这种实践中所体现出的管理挑战的独特性表明，用相关性作为教师业绩考核的一个指标是合理的。一般而言，在管理学研究，包括美国以外的管理学研究中，通常都会引用管理相关性作为依据。尽管如此，相关性通常起的仅是象征（几乎是表征）功能。然而在商学院，那些有助于推进商业实践的研究，被看成是为完成组织使命所做的极有价值的贡献，而相关性的理念也增强了人们对实践的关注。为说明实践在商学院的中心地位，这里举一个教师试图修改课程名称，但遭遇失败的例子：有些教师想将"管理实践"这一课程名称改成"管理中人的问题"，不过这个提议遭到其他大部分教师的反对，因为他们认为人的问题没有管理实践重要。被认为相关的结果（这里指实践）一定要放在教育的首要位置，分析视角（如人的问题）则处于次要位置。

许多青年教师在商学院教学生涯的关键时刻，都紧抓管理相关性不放。我想到自己在学院任职三年后，接受第一次正式评估期间所接到的反馈。对于这个三年评估，也是为今后的评估做准备时，少数资深同事会向同伴征询他们对被评估教师的意见，也只有这个评估不需要校外推荐信。这些同事在征集完意见后，会给被评估教师写一封信，陈述他们一致的评估意见。他们还会与被评估教师会面。在随后的几年中，帮他/她进步。这一整套过程，让人不禁想起那些关心孩子成长，帮他们准备最终决赛的父母们——在此，当然指的是参与终身教职评估和院外培养教师挑选的人。

我收到的评估意见恰好表明资深教师十分关注相关性（有时是

对此的争议）。它还强调学院基本的评价框架。在信中，他们赞扬了我所取得的进步，对我工作的数量和质量做了积极的评价，然后说："你的工作……具有很强的管理相关性。""不过我们当中有些同事希望你能通过任何自己喜欢的方式，进一步展示这样的相关性。""更清楚地说，"信中继续写道，"有些教师很满意能看到这样的联系，但是其他教师则非常希望，你能进一步展示你学术工作的管理相关性。"读了这段话之后，我承认自己感觉有些紧张。信里说我的工作到底是有管理相关性还是没有呢？还有，他们希望我如何展示这种相关性？

青年教师知道，如果他们要晋升和获得终身教职，都必须接受第一和第二评审团的评估。评审团成员由被评审人从学者、教育者及从业者这三个不同类别的团队中选择。被评审人可能首先会选择教育者，不太可能选择从业者来对其进行评估；或者他们可能提出希望首先由学者评估，再由从业者评估。但是，相关性似乎超越了这样的范畴。即使对那些选择了学者和教育者作为评审团成员的教师，学院也要求他们的工作具有管理相关性（虽然两个评审团中都没有管理从业人员）。许多青年教师不禁要问，相关性到底指的是什么。有资深教师说，相关性研究必须"预测或深刻理解这个时代最基本的一些挑战"，但是它的本质仍然经常难以捉摸。我问另一位资深同事，相关性是什么意思。他微笑着说："你应该很明白，不会问这个问题的。"他认真地说："如果给相关性做了明确界定，那它就失去弹性了。不给相关性下定义就是让相关性变得相关！"

学院管理层做了很大努力，想将其对教师的期待用文字方式确定下来，但是相关性标准所具有的阐释弹性，让管理层能自由地采用它，来评价任何被评估者的工作。这种自由在学界屡见不鲜。早在20世纪50年代就有研究发现，帮助青年教师，让他们免受评估标准的限制，在美国的学术机构已成了惯例。能看到其他人看不到的学术纯度——在商学院，则指对于外人看不到相关性的工作，能看到并指出其相关性——是维持任何价值体系的关键。将纯度（即相关工作）与无纯度（无关工作）区分开来看似很简单，但是它涉及评审人们对被评估人工作达成的共识，而这种共识的达成要依赖教师展示其工作相关性的能力。

展示相关性

展示管理相关性最明显的方式就是在该领域做相关研究。在进入商学院之前就在企业里工作（通常担任领导职务）的管理实践教授，很显然是相关的。那些曾是名企前高级主管，现在在学院授课的教师，他们过去成功的经历展示了他们理解和解决主要管理问题的能力。而学院大部分青年教师，尤其是那些行业经验有限的教师，只习惯于经常跟其他教师交流，真的需要实际上证明自己的相关性。

从理论上说，有很多展现管理相关性的方法，但是对年轻教师来说，最普遍的一种就是在包括《哈佛商业评论》在内的管理学期刊上发表文章。记得《哈佛商业评论》第一次与我接触，是邀请我为期刊写文章。那时，我高兴坏了。（那时我到学院工作才几个星期，我接到一封群发的约稿邮件。）我天真地向一位资历深一些的同事问该怎么办——更确切地说，是问他我要写什么样的文章。"希望你所做的研究能让他们感兴趣。"他纠正我说："是他们在决定他们要什么，不是你！"很显然，在《哈佛商业评论》上要发表什么，教师决定不了。是期刊编辑说了算——他们是专业记者，通常接受过博士研究生教育，但不是在职教师。教师必须想方设法，才能将自己的工作成果发表在"自家"刊物上。发给教师的约稿函带有几分迷惑性。我到现在还处在申请发表的行列中，也许还要继续等下去。只有我们的工作被认为有足够的管理实践相关性，与期刊的关系才有可能转变。不过即使到了那时候，就像某位资深同事说的，也只是暂时的转变。他说："我有一次很幸运，但是我不知道下次会是什么时候了。"

再也没有比被认为无管理相关性更伤人的事了，但是这经常发生。很多青年教师向《哈佛商业评论》投稿的热情似乎变低了。有时，期刊会向某位教师单独约稿。接着一般会进行电话交流，他们要问一些问题，几天之后再给回复。如果回复是否定的，那潜台词就是：这项工作不会引起读者的兴趣，或与读者的关系不大。编辑做这样的决定往往是正确的，他们之所以给否定的答复，通常是因为教师不能解释清楚，他/她的研究结果对研究领域外的个人有什么作用，更不要说与在职管理者的关系了。

《哈佛商业评论》的编辑还有一个习惯，会敦促作者预先将研究结果的启示说清楚。大部分新入职教师在读博期间，根本没有接受过这种教育。证明研究结果有启示，是为任何一个学术期刊写研究述评不可或缺的一部分，即使这样写会削弱它的影响力。而且，《哈佛商业评论》编辑本身就是评审员，他们不会像大部分学术期刊那样采用同行评审这一环节，尽管这个环节被认为能保证论文质量。在这两种截然不同、甚至相互对立的编辑过程中，对质量的不同定义至关重要。因为教师要同时进行这两种类型的产出，所以学术纯度的定义也在慢慢改变。

在管理学类期刊上发表文章并不是展示管理相关性的唯一途径。另一种展示管理相关性的方法是编写同事和学生认为有相关性的课程教材（案例、教学手册和模块笔记）。为企业遇到的现实问题提供解决方案（如创造新的金融工具或进行经营创新）也被认为具有管理相关性。似乎企业对教师服务的需求越大，就认为他/她的工作越有相关性。在著名企业当顾问、为优秀公司或非营利性董事会工作、教授高级管理培训课程等都表示企业极需要这位教师，那他/她的工作自然具有很高相关性。

商学院年度教师研究讨论会或许最能展现这种管理相关性。从2003年起，学院每年召开讨论会，与会人员大部分是教师，大会主要发言人都是学院的教师。未获终身教职且在职业转换关键期从事新研究主题的教师，是最理想的候选发言人。一个由具有终身教职教师组成的小组，会根据学院各系的推荐来挑选发言人。一般来说，每次年会约有一半的发言人是未获终身教职的教师。要通过这个测试，发言人要让各系的教师都了解自己所做的研究，让那些不熟悉自己研究议题的同行认为它具有管理相关性。发言人的同事们通常会参加会议，支持发言人，偶尔还会问一些有帮助的诱导性问题。发言人对这样的展示机会抱很大的期望。"祝我好运吧！"在上台之前，一位未获终身教职的发言人对我说。"祝你成功！"我说，并保证一直待在那儿听他的演讲。

学者和推广者

想要获得广大的读者，我们要向学院边界之外的人解释我们的研究，而且不只是通过发表专门给管理者看的文章的方式。一位电台记者来我办公室采访我的时候对我的研究感兴趣，这让我很高兴，但我也觉得没做什么准备，有些手足无措。因为我以前从未接受过录音采访。当时，节目主持人、录音师和学院外联组的一位代表一起进了我办公室。因为对学院的相关做法不熟悉，我礼貌地询问外联组官员是否想跟我们一起聊。她的回答让我吃了一惊，原来就是这样安排的。我点头表示赞同，然后又拉了一把椅子。

在采访期间，主持人问到一个我不熟悉的话题。我犹豫了一下，说这个问题不在我的专业领域内。说完这句话，我立马感觉自己没达到主持人的期望，更严重的是，没达到学院的期望。各类媒体经常引用学院许多教师的话，但是我在攻读博士学位时，没有人教我如何与媒体打交道。学院显然希望我能与媒体打好交道，但是因为没有给出那个问题的答案，我失去了被媒体引用的机会。

一段时间之后，电台播出了这段采访，引起了一些关注。当时在教的学生、同事和朋友们听了采访，或听说了这事，甚至以前的一些学生也联系我。有些评审十分留心这种曝光方式，另一些，尤其是其他机构的学者显然反应平平。学院很多同事因此向我表示祝贺，但是尽管我在评审简历中将之列为媒体报道，院外同事根本没人提这段经历。

努力获得公众认可对很多青年教师来说不仅新奇，而且一开始还会引发矛盾的心理。努力获得名气与根深蒂固的学术规范相悖。F·G.贝利（F. G. Bailey）解释说，在美国学术界，那些试图"普及"自己研究的人，经常被视为"不愿意像最佳学者所期待的那样慢慢努力获得认可的急功近利之徒"。学术界经常呼吁要有公共学识，也只强调凝聚大家的力量阻止这种普及。贝利继续说："人们看不起'普及者'有几个原因。首先，他在利用其他人的发现为自己赚钱或获得名誉，需要特殊才能推广研究成果（所以其实他确实做了一些贡献）的事实经常被忽略。其次，在普及的过程中，他很有可能削弱或歪曲研究结果：削弱也许就是传播知识所要付出的代价，这样的事实也被忽略了。再次，在所有原因背后都藏着一个主要原因，即教师对自己优越性的迷思。无论如何，只能由少数人掌握的知识，比任何人都能掌握的知识更高级。"所以，对于美国传统教师来说，拥有大批公众追随者自然就带有负面含义了。

但是，在商学院，作为专家或者某一主题的专业人士接受媒体采访，被视作可能具有管理相关性。论文、书本章节和书籍是与别处学术界同行交流的传统方式，而会谈、研讨会、课堂展示、媒体引用或采访也是与学院同仁和校外同行交流的场所。这样青年教师要学习在以口传为主的文化中进行生存，这种文化与重视书面文字的学术文化大相径庭。通过媒体学会与公众交流是获得管理相关性的重要一步。

媒体引用也有助于学院里不同专业系列之间的交流。例如，市场营销与金融专业的教师经常用媒体的某些摘录来开始交流。"恭喜你！我在《纽约时报》上刚刚读了一篇关于你的文章，很有趣"，类似的开场白经常能听到。另一个也许会说："谢谢！他们大部分的理解都是对的，虽然只报道了实验操作的一部分。"在青年教师之间经常能听到这样的赞赏和澄清的话。解释的过程——无论发生在校内还是校外——经常逼迫某一专业领域的教师，将他们的研究成果简化成一条核心信息。记者们几乎不会注意研究采用了什么更高明的方法、探究了哪些理论、为达成目标克服了哪些特殊的学术挑战等问题。尽管有这样的缺点，只要与记者开始交谈，那就种下了潜在管理相关性的种子。

谈判群体和亚群体资格

因为哈佛商学院十分关注管理相关性，所以它的评估标准与其他专业院系或其他大部分商学院不一样。学院要求教师创造一些东西（相关性），这些东西对其他地方的大部分同行来说，不太可能认为是完全合理的。社会学家戴安娜·克兰（Diana Crane）用群体和亚群体的概念来描述大学教师具有的双重联系：与所服务的教育机构的联系（群体）和与同一专业领域学术同行们组成的"看不见的大学"之间的联系（亚群体）。一般而言，亚群体关系主导教师的学术生涯，而在学院，群体关系（与学院的关系）在其秩序维护中的重要性要高于亚群体关系（学术专业）。自从成立以来，学院就努力将个人奋斗与严格的专业追求区分开来，哈佛大学其他专业院系则是注重专业追求的典范。

考虑到不了解传统学术评估过程的读者，以及为了与哈佛商学院的做法形成对比，在此以一所普通大型研究型大学为例。在这样的大学中，大部分学院都会保留一些表单，上面列有教师认为在自己研究领域内备受尊敬的学术期刊和出版社名称。他们按照期刊和出版社的声望为其分类（A类出版物、B类出版物，等等）。最终列表就成为这些学院对学者学术质量进行评估的标准。这虽然不完美，但学院和教师通常都一致同意用这样的方法评估。这种对学术质量下定义的方法不仅仅在美国高校使用，也渐渐推广到一些国外高校。这种学术研究的美国化显而易见，比如，在欧洲和亚洲的许多高校，用顶级期刊发表篇数和引用次数（即某份出版物被其他出版物引用的次数）评价学术质量已成为规范。

在一般研究型大学中，对于有抱负且可能获得终身教职的教师来说，能否晋升到下一级职称（例如终身副教授或终身正教授）就看研究成果的数量和质量，这很容易预测。教学和为大学或专业服务也常常影响职称晋升，虽然这在很多重点研究型大学中的影响可能比较小。因此，在一般研究型大学任职的青年教师，能很清楚地说出晋升到下一级职称需要哪些条件，即在各类出版物上要发表多少篇文章。在这种情况下，能否晋升职称非常容易预测。大家普遍认为在这些出版物上发表文章能反映学者工作的质量。

教师为了在期刊上发表文章，他们必须让编辑和评审认可自己研究的质量。学术期刊和出版社的编辑通常是某一学术亚群体中最优秀，通常也是最博学的专家。（他们是全职教师，自愿帮助管理某一学术团体。）在任何一个亚群体中，编辑和他们信任的评审会成就或封堵教师的学术生涯。正如克兰（Crane）所说，编辑们通常是"看不见的大学"中的"高产者",因为他们在获得现在地位之前,首先要在自己现在审查的出版物上发表文章。因此,从传统上讲,想在学术界有所发展的教师要依靠编辑获得晋升,最终获得职位。半个世纪以前,大卫·里斯曼(David Riesman)曾不客气地说:"那些因为某一学术领域能为他们的职业做什么(不是因为他们能为某一领域做什么)而进入这一领域的人,最后经常成为知识分子集团中的一员——成为坚持要收费才能让人进入他们学术领域的看门人。"

现在再来看看学院或大学。每一位有抱负的研究型大学的管理者都想建立一个所谓的群体。有名望的高校试图延揽受人尊敬的学者,他们或许能吸引有资质的学生和富有的捐赠人。成功的高校最终形成亚瑟·斯丁奇科姆(Arthur Stinchcombe)所说的垄断。从这种意义上说,其他大学不能简单地复制它独特的资源组合。这样的组合反过来又能吸引更多的资源。比如,商学院通过坚持管理相关性,从某种程度上也在试图建立一种独特、不可复制的资源组合。一旦某个群体建成,它就能授予群体特有且有声望的学位(如哈佛商学院毕业证),掌控来自其不同单位的更多资源(捐款和学费)。

但是任何一家高校都不能完全忽视学术专业或亚群体。例如,在决定是否授予教师终身教职上,学校要承担很大的风险。因为这一旦出现错误就很难纠正。因此高校主要依靠候选人校外的同事,来对校内外终身教职候选人做评估。哈佛商学院也是如此,邀请院外专家(有些是专业院系的专家)对教师晋升和终身教职授予做评价。大部分高校依靠专业院系培养自己将来的教师。例如,在2009年,学院约45%的"梯级教师"(可能会获得终身教职和已获得终身教职的教师)已在专业院系接受过训练。专业学科训练包括像攻读历史学、经济学博士学位；相反，非专业学科训练包括攻读策略、会计学等博士学位。

不过，与其他院校相比，在哈佛商学院，院内资深教师对候选人评估所占的分量比院外评估更重。实际上，这并不意味着学院向院外同行咨询的次数就少。哈佛商学院要求提交的院外推荐信数量一般跟其他大部分院校一样多，甚至比它们的还多。在20世纪70年代，受这种评价晋升动态的启发，弗里茨·罗特利斯伯格（Fritz Roethlisberger）——一名在学院长期任职的教师将学院中的"本地主义者"和"世界主义者"区分开来，即将具有本地导向（群体）和全国导向（亚群体）的教师区分开来。学院既有本地主义者，也有世界主义者，这就要求对他们要一视同仁。直到今天，学院还维持着这样的平衡。例如，学院现行的禁止本院教师接受院外拨款的政策，从某种程度上就保护了本院教师，使他们免受外界压力。实施这项政策的根本依据是：它"允许教师发挥自己最大潜能，潜心寻找研究机会，以创造新知识，推动管理实践的进步"，因为学院会慷慨资助院内大部分研究。但是这项政策也限制了院外专家对教师"价值"进行正式评估的机会，因为资金授予小组大部分由院内同行组成。

所以，哈佛大学专业院系与商学院之间的关系有些紧张。这并不奇怪。用学院院长的话来说，哈佛大学的"中心"，即艺术与科学学院有时把商学院视为"私生子"。这种情况不仅仅出现在哈佛，职业学院在其他许多大学也有类似的遭遇。例如，商学院和教育学院经常被核心学科教师认为处在次等地位。从这方面来说，商学院从哈佛大学获得了一张大木质桌子，据说整个艺术与科学学院教师经常在这张桌子上开会，那将它放在学院主教师餐厅,就带有某种象征意义。

商学院与学术领域关系紧张并不是什么新鲜事。1977年出版的《罗特利斯伯格回忆录》就已经重点讲过这个反复出现的话题了。他写道:"在这片大花园(商学院)里耕种涉及一些隐含的对立点。"他又解释说:"在这个花园中,任何一个教授不能只种'自己的东西',而不管这里种植的其他作物。他得将自己的玉米与同事的豆子联系起来,并展示如何将它们结合,才能提供必需的食物给这个……既不是经济学家(无论研究宏观还是微观经济)、社会学家(无论研究具体、一般还是抽象问题)、心理学家(无论是临床、社会还是纯理论型),也不是人类学家(无论是人体、文化还是社会人类学)的人——总之,不是任何学科的专家。"那时,学院希望院内专家能为实现它的目标做出贡献(而且还要求他们是男性)。尽管现在院内教师的性别组成发生了变化,但是学院依然希望教师为实现它的目标而努力。

随后的矛盾关系有时仍然很明显。教师在名片上使用的头衔就能说明这一点。一旦加入哈佛商学院,所有教师——无论是经济学家、心理学家还是政治学者——都要成为企业管理方面的通才。跟法学院和医学院需要法学和医学的教授一样,商学院需要企业管理教授。我一到商学院工作,就发现助理已经为我准备好学院的信头和名片。名片上写着:"企业管理学助理教授"。我没感到惊讶,因为这就是我的职务。但是没过两年,我换了办公室,需要新的名片。助理问我名片要怎么写时,我才头一次发现自己原本可以自由选择的。在仔细研究同事的名片后,我发现学院有很多"助理教授"、"副教授"和"教授",但是只有少数人会在名片上加"企业管理学"几个字。实际上,2009年只有29%

的教师这么做。我决定跟大部分人一样，把"企业管理学"删掉。

这样的细节似乎不重要，但是这凸显了不同学术纯度的定义在学院中的表现形式，也显示了某些教师玩转它们的小方法。后来我了解到，关注教师职衔，寻找恰当的称呼，这在学院并不新奇。1942年，华莱士·多纳姆（Wallace Donham）辞去担任23年之久的商学院院长一职，重新做回一名普通教师时，他请求哈佛大学监管理事会更改自己的头衔，将乔治·F.贝克企业经济学教授改成乔治·F.贝克管理学教授。这样的提议反映了华莱士要将自己的头衔，跟学院教授企业管理课程这一主要目标统一起来的想法。新的头衔也弱化了他跟某一专业学科的联系，表示他接受了另一种评价体系。

从青年教师的评价体系上最能看出学院与学术亚群体之间矛盾的关系。教师要进行两场"竞赛"——学院内管理相关性竞赛和院外学术竞赛——这体现了两者的矛盾，不过通常也是获得学院终身教职的必要条件。传统研究型大学，很少像商学院这样在内部竞赛上分配这么大的比重。说服非专业人士认可内部竞赛的重要性，尝试重塑某一领域学术纯度的大学就更少了。从正统意义上说，学术纯度被看成是几十家高校、几百位学者多年共同努力的结果。哈里森·怀特（Harrison White）在讨论社会学时提醒我们说："当然，没有哪个系部能大到将其工作放在'看不见的大学'的标尺上进行衡量。"尽管如此，从某种程度上来说，学院确实在这么做，在强力推行某种被院外同行视为异端的学术纯度。

无论身处哪个院校，大部分教师都要参加不同类的工作，参与多种竞争。在大部分大学，教师要兼顾教学和研究。"也许，对于教师个人来说，最主要的问题是，"西奥多·卡普洛（Theodore Caplow）和里斯·麦吉（Reece McGee）在研究美国学术界时说，"他的工作任务，和决定他在专业领域是否成功的工作不一致。"卡普洛和麦吉继续解释说，学校聘请教师来"教学"（群体竞赛），但是他们的成功主要取决于他们在自己"个人专业爱好"上的追求（亚群体竞赛）。有效教学似乎在一定程度上被转化成在学生评价中得高分，院校则有权决定这些评价的权重。而个人在专业上是否成功，则依赖同行审阅的文章发表情况。他们在这方面专业权威，拥有裁量权。

在学院内部，多种竞赛现象也存在，但是与其他大部分商学院和专业系别有很大区别。首先，在这里，许多青年教师感觉为学院目标服务的权重比其他院校高。其次，学院评价教师业绩的标准与其他院校常用的不一样。学院十分重视教学，但是因为强调管理相关性，增加了其中的复杂度。在教师评估中引入管理相关性这一可感知的主要变量，改变了院内竞赛的性质。因为学术生涯在一定程度上由组织环境来塑造，所以竞赛的安排十分重要；环境的直接提示影响个人的决定。随着时间推移，教师学会了调节自己来适应组织要求以及身边的各种声音。

当装着评审材料的绿盒子被推车送到地下室，等待分发给评审时，被评审的候选人又回到正常的工作中。这些工作跟其他大部分院校同事的工作差不多：教学、搜集和分析数据、总结成果、核查，等等。最大的不同就是，学院教师的产出最终必须被认定具有管理相关性。在大部分大学，机构内部行为主要由一些惯例构成，而用哈里森·怀特的说法，行动、刺激和亲密，则随学术专业的进步而蓬勃发展。而在商学院内，也期望有行动、刺激和亲密。传播这样的期待，有助于塑造学术纯度，引导获取商业学术成就的道路，最终指导教师如何传授相关知识。

第三章　在沉默中宣讲

> "嗯,"他说:"就拿我们的一个管理单位为例,这种单位或称公社,或称分区,或称教区……在这样一个所谓的区域里,有些邻居觉得某事该做或不该做……某位邻居提议进行这个改革,如果每个人都同意,讨论自然就告一段落,以后需要谈的只是一些细节……但是如果……少数邻居不同意……那赞成和反对的双方就需要纷纷发表自己的意见。"
>
> ——威廉·莫里斯(William Morris)
> 《乌有乡消息》

我现在站在剧场型教室的中央,通常被称为"乐池"的地方,面对着90位叽叽喳喳的学生,等着开始上在商学院的第一堂课。教室后面的时钟慢慢指向上课时间(上午8:40),教室渐渐安静下来。我从没见过这么多人,在这么短的时间内,能这么配合地安静下来。这堂课马上要开始了。

尽管在暑假里我为上课做了准备,但就在这个时刻,我仍然有些手足无措,不知道要干什么。我听从资深同事安慰性的建议:"当你觉得十分紧张时,不要老是想着它。记住学生也很紧张;你只要直奔主题,开始上课。一切都会很顺利的。"我低声说了句:"欢迎来到哈佛商学院。"然后立刻意识到教室坐满学生时,后排人听不到我这么小的声音。(我之前试过该用多大的音量讲课,但是那时教室里的人很少。)"很荣幸在这一学年教你们这个班,"我提高了音量:"介绍这门课程的最佳材料就是你们预习的案例,所以我们就直奔主题。"如果我事先了解在第一堂课上我得有什么样的表现,我可能会感到更加害怕。

从最广泛的意义上来说,在哈佛商学院教学有点像表演,在课前要反复练习自己讲课时的一举一动。本章试图详细解释表演中涉及什么样的因素，尤其是教授工商管理硕士专业第一年必修课程所涉及的因素——我对这个课程最熟悉，因为已经教了四年。在描述每个教学阶段所要完成的各项惯例时，可以感受到不同班级间存在统一性。这些教学阶段包括：备课、授课以及在课外与学生交流、更新教学材料等课后沟通工作。但是它也强调在课堂上鼓励学生"发现"新知识，允许学生对案例下各种结论等，根据学生情况进行授课，让学生获益。保持惯例和创新的平衡已经渗透进学院的教学，新入职教师需要快速学会掌控这种平衡。

虽然有些工商管理硕士学生先前参加过有关定量方法或英语语言技能等的研讨会，所有学生一开始都要上案例教学课，但是在上每门课的第一堂课时，课堂规范仍然没确定下来。学生仍然对彼此不熟悉，不过新任职的教师往往是最不知所措的那个。幸好，很多组织惯例能引导菜鸟教师走上正轨，从一定程度上确保学院的教学一致性。要对教师进行有效的社会化，就需要设计教师的表演动作，这种设计要花费组织很大的精力。

普通准备室

在一间挂着豪华吊灯，拥有高窗的屋子里，安静地坐着七十几位教师。昏黄的灯光，薄薄的白窗帘，让这样的聚会带着一些排外的意味。工商管理硕士一年级必修课程教务主任向大家讲话，欢迎大家开始新一学年的工作。这是为所有教授一年级课程的教师开的动员大会。所有与我"轮班的同事"都在——包括所有将参与塑造学生经历的同事，所有把课堂转交给我的同事，所有在我后面接着上课的同事。（在第一学年，学生坐在同一间教室里上课，教师轮换着讲授不同课程。）

我所有的同事看起来都很谦卑。这种集体会议让我们所有人都变得渺小，这样的制度似乎是永恒不变的。在会上，大家讨论课程的创新、出现问题要按什么程序处理、集体价值观等，保证取得一致意见。从某些方面来说，这样的会议与各种常规工作环境下的晨会差不多。最大的区别在于它一年才开一次，而不是每天都开。以后，由"课程组长"——（在某一课程授课阶段）监督这一课程教学的教师——负责召集会议。

课程组长都是资深教师，大部分有终身教职，负责确保教授同一课程的教师进度一样。在他们的组织下，一般六至七名教师每周会进行几次座谈，讨论接下来要讲授的案例。教师上每一次课都只重点讲一个指定的案例。案例大都讲述某个主人公所面临的一个决策点。这些案例一般都由学院教师合作写成，每个长约15页，旨在反映企业中"普遍的"问题。通常，学生必须选择具体的行动方案，为自己决定的优点和缺点作辩护。（虽然新案例层出不穷，但是老案例也经常使用。）每次在教师小组会议上，总会让某名教师带大家把要讲的案例和他/她喜欢的教学方案过一遍。在其他商学院，学生人数很少有这么多，竟能让教授同一课程的教师组成一个教学小组。即使在其他十分重视教学的学院，备课通常也是个人行为，充其量不过是跟在有经验的同事后学习而已。而在哈佛商学院，新进教师进入了一个运转顺畅的集体组织。

往年的教案，有些甚至有十多年的历史，一直在教师中传阅。虽然每位教师能根据自己的意愿进行教学，但是有个规范是教师要根据（至少有一次）计划来教学。阅读这些教案，能让人想起当时的教学情景。在一份教案上写着："播放视频1′00″到4′06″，听到主人公的绰号时，暂停，问全班：'他配得上这个名字吗？'"这个计划写明了在课堂上提问和讨论的最佳时刻。另一份计划写着："将中间前面的黑板拉下讨论行动方案，将右上方黑板上的推算遮起来。"（学院教室中有九块黑板，三块一列，可以上下推拉重叠；旁边通常还有两块黑板。）这么写是为了提醒教师在课上完后，让某些黑板展示出来，把其他的遮起来。在教师小组会议上，有时会修改教案，以适应某案例讲解的具体时间安排和教学的变化。例如，某位资深同事提醒道："在每学期的这个时候，学生一般都忙着找暑期实习工作。有些同学已经找到了。"考虑到学生可能存在的情绪问题，要对教案做些微调。

刚在学院开始教学时，在某次课上，我暴露了自己缺乏经验的弱点。某位资深教师听了这次课，而我在准备这次课的时候参考了他的教案。（在哈佛商学院，听课是一个惯例，也是资深教师帮助青年教师进步的一种方式。）在课上某个关键的转折点，我结束了讨论，宣布开始看有关案例主人公的一段视频。我得意洋洋地按下控制台的"启动"按钮。控制台就是教师能控制灯光、幕布、音量、课堂投票系统（方便统计赞成和反对意见）等的电脑屏幕。直到那个时候，我才注意到幕布没有降下，教室的灯也是开着的。我快速在控制台上敲了两个按钮，来纠正自己的错误，并且心虚地避开了他的目光。在课后询问意见时，他委婉地指出我还需要掌握一些小的课堂安排技巧。

依照教案就能避免这样的失误。仔细听其他教师讲他们教授某个案例的经验，也很有益处。此外，近来兴起的播放往年教学录像，也能让新进教师了解该怎么做。（教室里的小摄像头能录下任何教学过程。）这样制度记忆就得到了分享。教师很少在交给教学小组传阅的教案上署名，这强化了教学"食谱"不属于任何个人，而属于学院的原则。虽然教案上没署名，但是我渐渐学会从格式上来判断它们可能出自谁的笔下。因为有些教师的教学风格更适合我，我把可能的作者名字写在每份教案上。我自己的教案一般都是手写的，很简洁。他们有时会加上一些令人尴尬的标记，提醒我注意：在最开始的地方加上"微笑"的符号，提醒我进教室时，经常太严肃了；用"大声点"提醒我在领带上夹上小话筒。

教案中还会指出某次课可能会遇到的问题，以及避免发生此类问题的方法。例如，某份教案中提到，一位有法律背景的学生曾指出，某个有关审判的案例中的一些材料存在程序性错误。为了提前预防那些可能导致课堂讨论偏题的问题，这份教案建议先了解有没有学法律的学生，在授课开始时就讲清楚，材料也许跟美国的法律程序不完全一致。这份教案后列了许多教师的注释，大部分涉及与该案例有关的其他偏题因素，以及应对方法。阅读这些注释，就像在读如何应对巨大乱流的飞机操作手册。

尽管做了充分的准备，学生获得意料之外"发现"的时刻，却恰恰展现的是梦寐以求的目标。用"牧场（pasture）"这个具有宗教含义和冥想意味的词来表示教案的主要部分，表达的正是这个目标。在描述教案某个主要部分时，常常这么写："在这个'牧场'，要让学生认识到进行跨国并购的复杂性。"常见的"牧场"包括分析一家公司的表现，为公司领导起草行动计划，等等。新教师经常得到的建议是，在某一"牧场"培养学生发现并解决问题的能力，就是尽量少说话。因此，这里的经验法则就是在进入下一环节之前，要让至少4至5名学生进行评论。教师经常在某次课的转折点或快结束的时候，打断课堂辩论，讲解教学重点。这样做的目的是让学生吸收所学和所发现的知识，这种结果难以通过课前演练来实现。每个人都知道获得这样的结果需要教师的专业素养甚至有一点运气的成分。就连那些在课间擦黑板的清洁工都会希望下一位来上课的教师能有这样的好运气。

个人准备室

除了参加教学小组会议，和大家分享教案外，教师还会单独备课。尽管大家都是私下准备和演练，但这仍是学院里一致遵循的惯例。无论是在家或者在学院，教师都要拿出时间回顾案例，针对某节课对教案进行微调。有些教师建议在上课前一天晚上回顾，这样可以在第二天随机讨论所得的洞见和那些好问题。其他教师则认为最好在进教室之前回顾，这样印象最为深刻。无论何时、以何种方式，所有教师都认为每次课前都要认真准备。（只有那些将一个案例教过很多遍的教师，有时才能省略这一步。）如果扔下一个班的学生不去上课是最大的禁忌，那么不备课就上课则应该算是第二大禁忌了。

衣着是个人备课的另一步。教师们一般不太注意自己的打扮，但是大部分资深教师十分清楚在教室适合穿什么样的衣服。他们像豪华宾馆的宾客或者殖民统治者一样，穿着体面，对自己的外表十分讲究。很多新进教师在学院工作几周之后，都会接到"高级服装供应商"的电话。（这类服装供应商一直与学院教师做生意，但不是学院员工。）我接到电话时，以为对方可能是位裁缝。他说："你马上要开始上课了，需要有得体的衣服。我跟哈佛商学院的很多教授都有合作，我能帮你进行转型。""你需要几套西装，"他解释道："你也许还要出席正式活动，所需要的衣服跟你平时的着装不一样。"（我很快发现，这指的是教师间的社交活动。）服装供应商愿意帮我找到一定数量、颜色和质地都适合，对我生活"有帮助"的衣服。

我真的需要这样的帮助。我一学期要上将近30次课，平均下来每周要上2到3次课，衣柜里需要不少衣服。一位很实用主义的同事建议说："去布克兄弟买衬衫和西装，你永远不会出错。"这个建议不错，不过我当时应该听从更详细的指导意见。例如，应该根据实际情况来选择衣服颜色。纯黑衣服容易显粉笔灰印，在教室里穿浅色系针织衣显得不得体。因此，一般大家都选非纯黑色的西装。在尝试并犯过错误之后，最后教师们通常都穿类似的衣服，这也确保了在上课时呈现出某种视觉上的统一效果。（男教师一般都穿浅色衬衫，灰色或蓝色上衣，系亮色领带。）

在个人备课时，还要提前了解座位表，挑选在课堂讨论时要发言的学生。想发表观点的学生会举手，但是通常举手的学生太多。考虑到参与课堂讨论也要打分，因此给学生同等参与讨论的机会十分重要。（课堂参与一般占学生期末总成绩的一半。）因此连续几次课都没发言的学生应拥有优先权。除了办公室墙上贴的大幅彩色座位表外，教师上每次

一位教师的办公桌，墙上贴着座位表，作者摄。

课都有张专门准备的小一些的座位表，作为提问参考。每次课结束，只要助教或教师输入本次课发言的学生名字，以及对他们发言的评价，就能自动生成这样的表格。表上用不同颜色的圈来区分不同的学生（绿色表示应该点名提问的，橘色表示备选的学生，红色表示那些经常发言的）。教师经常会加上自己的标注，例如用笑脸表示那些有相关案例经历的学生。最初上课时，我所点的学生跟我所预期的很不一样。我想听一些学生的观点，但他们没机会说。有些已经发过言的学生在进入讨论环节仍然非常积极。这常常导致下次课的点名表上画绿圈的还是那些学生。对于缺乏经验的教师来说，控制这种情况发生是一件让人非常沮丧且烦人的任务。

练习记住学生特征，有助于日常点名提问。大部分教师在学期开始前，会在网上或直接看纸质的"听课证"，这上面有学生名字、照片等其他个人信息，通过这种方法可以提前记住一些学生的名字和相貌。例如，将学生本科就读的院校、工作过的单位、家乡等信息结合在一起，就容易形成深刻的印象。然后教师利用一些小技巧记住学生的座位和他们的相貌。有些教师会将学生名字和座位表抄写下来，对课堂布局形成一个视觉记忆。有些教师则在网上浏览学生简介，或将之打印出来。我会将学生的名字和照片打在一张张卡片上，背后写上他们有助我记忆的特征（如"像我堂兄罗尼"、"四方的眼镜"、"长头发"）。这些卡片让这种记忆练习变得有点像游戏。在上课前记学生的名字和相貌，意味着陌生人开始变得（单向的）看上去还挺熟。某次，就在美国劳动节（9月第一个星期一）前，我在波士顿机场等人的时候，胡乱翻着这些卡片来打发时间。突然，我看见有个人正往门口走，以为他是卡片上的某位学生。我举起卡片，将上面的照片与刚出去的那个人做对比。卡片背后的备注是"喜欢卡拉OK，有鬓胡，来自阿拉斯加。"旁边的人都满是疑虑地看着我，似乎我在追踪罪犯一般。原来，认错人了。我把卡片又放回了口袋里。

每次去教室前的几分钟，我总是待在办公室里，查看为这次课准备的加了标注的座位表和学生名字。这样的练习能激发一些联想，为课堂讨论提供相关线索。在座位表的哪个位置，我能找到那位在迪斯尼工作过，也许能评论一下组织文化的学生？在密歇根州生活过，或许对汽车工业比较熟悉的是谁？哪些学生喜欢橄榄球，支持的队伍还是死对头？（在我的点名表上，这些学生名字旁边都画了笑脸。）这些信息看似无关紧要，但却能极大丰富课堂讨论的内容。

我边想着学生的样子，边走到洗手间的镜子前，对着镜子，认真地调整领带。这让我想到喜剧演员在出场之前，检查自己妆容的样子。离开办公室的时候，我通常会碰到在同一天跟我讲同一案例的同事。我们知道，有些同事喜欢在去教室的路上，思考新的、更完善的教案。例如，可能会建议跳过分析环节前的讨论，让学生提前选择立场。在几分钟之内，教师要决定是用新的教案，还是用原来的。从这种意义上来说，走去教室是彩排的最后一部分。学生用"砸开案例"来形容弄清案例原委的过程，但是在此之前，教师也要砸开案例（这里不是指案例的顺序）。这主要发生在教师组会上，但是有时在去教室的路上也会继续。这些讨论也会激发大家上课的热情。因此独自走去上课经常令人十分紧张。所以，在校园里，常常会看到穿戴整齐的教师，拿着一叠案例、一份教案和标注过的座位表，三五成群地走向教室。

授课

进入教室后，男性教师在开始上课前，通常会脱去上衣外套。脱外套表示马上就要上课了，也意味着讲课是个辛苦活儿。"课堂授课"需要密切关注许多"动静"。例如，有同事建议我要"听学生坐在椅子上挪动发出的声音。"在一年级教室里，椅子腿固定在地板上，椅面可以翻动。他说："如果听到很多吱吱嘎嘎的声音，你就应该知道学生开始变得不耐烦了。"教室里安安静静，说明学生在认真听。事实上，一边留意自己在讲的话，一边思考下一个环节的内容，还要听椅子的动静，这简直就是在玩复杂的杂耍。这个例子说明在学院授课时，教师需要付出很大努力，也要十分专注。

在上课的过程中，教师在脑海中里需要像过电影一样同时注意几个事情。课程结构部分要遵循本次课讲述的概念与其他次课讲的内容相关联的原则。而关于具体案例本身要关注当天案例的讨论，尤其是学生赞成和反对的论据，以及为某些行动方案辩护常见论调。第三部分还要注意课堂上每位发言者的评论。最后这部分在课后教师（或助教）总结课堂讨论为学生表现打分之后，应立即从脑海里清除。成功的教师经常能一边全神贯注地倾听每位学生的发言，一边轻松地让课堂讨论继续下去，将讨论的概念融入整门课的教学中。毋庸置疑，这种多任务处理的能力需要练习和技巧。

教师在课堂上全神贯注也很重要，因为学院重视教学品质。总的来说，优秀的教学意味着受学生欢迎。在每学期期末，学生都要给教师打分，但是在那之前，大部分教师都觉得经历了一个不怎么样的学期，会觉得很羞愧。每年表现都一般，没有什么明显的进步，对任何教师都会产生负面影响。一年级学生的评分，只有任课教师本人和课程负责人能看到，但任课教师能看到所有十个班对某门课程打的平均分。个人感觉表现不够好，通常可以激励教师下次做得更好。而就算是那些获得高分的教师，渴望进步仍然是不可动摇的守则。找到教授某一案例的最佳方法，经常能帮助整个教师小组改进整体的授课表现。

学会避免在教室犯技术性错误也许是掌握教学方法最根本的一步。尤其是当案例主人公（经常是大公司总裁或领导者）来到学校时，更要尽力避免这种失误。某次公司高层来访时，学院安排了视频直播，这样其他班的学生也能听到这位总裁的讲话。（两三个班在同一时间讨论同一案例，这很常见。）这位主人公当时在一位同事的教室里讲话，他的视频转播到其他教室里的大屏幕上，大屏幕能通过遥控来控制升降，我这边的也是。一位负责视频转播的员工站在教室后面，一边倒数直播秒数，一边打手势向我示意。即便如此，因为是第一次经历视频直播，快速降下的幕布让我大吃一惊，打断了我的讲课。从此，类似的错误再也没有出现过。

幸好，除了教师的教学技巧，教室的设计也会影响到课程的展开。剧场式教室呈弧线形，鼓励学生看着对方进行交流，非常适合反驳对方的观点。教室两边有通向后排的台阶，教师可以拾阶而上，偶尔从学生视线中消失，鼓励学生间互相交流。（资深同事都鼓励新手利用这些台阶。）而且，那九块醒目的黑板，尤其是中间三块，能帮助教师将讨论分成不同环节。正因为相信这样的教室布局非常重要，在国外上的某些高级管理课程，就复制了哈佛商学院教室的这种布局，以重现这种教学体验。

教师组会、教案等许多组织惯例增强了授课的统一性，但是教师仍需要在课堂授课——站在教室中央，引导并根据学生情况实施课堂讨论。真实的课堂教学是学院最重视的，但也是最少受严密监管的活动：教师们花很多时间集体备课，但是最终是教师独自面对一个班级的学生。淡化已准备的部分，让学生塑造课堂，同时适当讲解教学材料，给学生留出自我发现的空间，这是学院既定的目标。新发现通常来自于新的视角、对比或个人事例。学生会很快注意到这一点。学生自创报纸上的一篇文章，说得很到位，"有力"的评论是指那些能"推动讨论向

国外仿哈佛商学院教室而建的教室：1978年瑞士韦威的国际高级管理课程，贝克图书馆历史收藏。

前"或"从某人的观察中推出结论，并用证据质疑他结论"的做法。而"将讨论带回到15分钟前探讨过的问题，重复已说过的评论或空洞没有什么实质内容的评论"，则被认为"软弱无力"。

课后，教师经常交流自己课堂上的"交锋"，一字一句地重复那些或深刻或生动的有力评论，这会让整个教室安静下来，摧毁无力的辩解，甚至让整个班的同学都激动得要流下泪来。这样的时刻对教师而言是一种荣誉，是学生吸收知识的证据。例如，在讨论某个诈骗案例时，一位学生公开承认自己参与过某个可能有问题的核算工作。她的话在教室里似乎回荡了几分钟之久。那天，这个班的学生们明白了，在有些情况下，"好"人也会做出非常糟糕的判断。课后，我跟同事讲这件事时，很多人点头赞同。有一位同事还大声说："干得好！"

通常，教师们会被建议掌握引导有力评论的各种方法和技巧，但是有些核心因素似乎比这些方法技巧还要重要。例如，许多方法和技巧都在强化有效的评论，帮助说话磕磕巴巴的学生讲清楚自己的论点。学院认为理想的课堂是，说出令人信服的论据、讲出本次课所学知识的是学生，而不是教师。从这种意义上说，随着其他学生的发言逐步成形的不太成熟的论据，经常比准备好的成熟的论据更有价值。另一个培养学生进行有力评论的方法是，播放往届学生讨论同一案例的视频片段。当案例主人公不能来亲临课堂时，惯用的做法是播放他们最近一次在课堂的视频片段。（通常安排摄像师在教室后面将有案例主人公参与的课录下来。）播放以前的课堂录像，似乎与鼓励自我发现这样的目标相悖，但是不能轻视它的模仿效应。视频片段向学生展示什么是积极参与，如何最好地参加课堂讨论。许多视频中都有问答片段，镜头偶尔会停留在专注听讲的学生脸上。不过更多时候，教师和同班同学对学生评论的实时反应，会告诉学生在参与讨论时要有怎样的表现。同学偶尔的鼓掌、重复引用某一评论、教师的赞同都表明这即便不是高质量的参与，也是具有建设意义的。

从某种意义上说，教师既害怕又希望课堂上出现惊喜。如果案例讨论中惊喜频频（或者有太多的发现），会偏离本次课的教案和目标；而如果没有任何惊喜（或发现），这次教学肯定也是失败的。这从某些方面解释了，为什么几乎没有教师会给学生提供"直接"答案——教师指导得太多，可能会扼杀发现的过程。教师们分享的交锋故事里，既有成功的案例，也有不幸失败的例子，这也强调了教学工作最原本的核心目标。许多教师会跟某些同事分享极其糟糕的上课经历，但是很慎重，因

> 教职工俱乐部
>
> 听说今天他在课堂上直接给出学生答案时,被逮着了!

如果不给学生自我发现机会。选自汉克·莱文森(Hank Levinson)《不经意的观察者》(哈佛商学院工商管理硕士'56);或《河那边、溪上游》(剑桥市,马萨诸塞州:鹰企业,1955),(第12页)。

为这事关教师的声誉。最严重的教学事故——如某位教师睡过头,没有来上课——很少被谈论。在互相信任的同事中,大家也乐于分享如备错案例、一怒之下当堂将学生赶出教室这样的事。

我也有过糟糕的经历,在一次课上,我脑中迷糊,一时处理不了那么多的信息。在某位学生对当天的案例发表了非常犀利的评论后,我开始做简短的总结:她的观点很有启发意义,她的行动计划具有可行性,她已经概括了这个案例的主旨。我当时对她的表现和自己的教学成果都很满意。做完总结,感谢她提供了真知灼见后,我开始整理面前讲台上的材料,这个动作意味着本次课结束了。下面90张脸都默默地看着我,没有人起身。这种沉默持续了一会,我意识到有地方出错了,但是不知道错在哪儿。那天早上，我应该给两个不同的班上课，一堂是从早上8:40到10:00，另一堂是从10:20到11:40。当时是9:40，第一堂课只上了一个小时，还剩下二十分钟。学生犀利的评论，和我对第二堂课下课时间的记忆，混在了一起。在暂停了好一会儿后，我还是决定继续上课。每当案例引不起学生兴趣时，教师总会一如既往地提出新的问题，引发讨论。我当时就用了一个类似的问题。在大概5分钟之后，我才弄清楚这堂课结束的真正时间。

这种失误，学生似乎没怎么觉察到，但这或许也侧面说明了课前反复备课的作用。教师能敏锐地觉察到这些错误，说明教师知道这类课堂授课的禁忌，也说明存在一种组织法则——自我控制。因为我们不希望这些失误发生，所以一旦发生，就成了新闻。它们之所以令人难忘，倒不是因此带来的负面效果，主要是因为它们发生的频率很低。那一天，等到那堂课真的快结束时（上午10:00），我又一次祝大家一天顺利，然后整理起材料。学生像平常一样，鼓掌表示这次课结束。这是哈佛商学院的传统。

课后沟通

通常，产品在交付后还需要维护，同理，每次课都有相应的课后沟通环节。课堂案例教学和讨论，经常引发学生提问，他们希望了解更多相关信息。学生经常会问"案例主人公怎么了"，这类问题在课堂上并不一定会得到解答。有时，学生只想讨论案例中跟自己经历有关的具体问题。一般在上完课之后，某些学生就会带着问题或自己的想法来跟老师讨论。（也有的学生对此不屑一顾，觉得他们是"投机分子"，只想提高课堂表现分数而已。）例如，如果课上讲的是有关交易的案例，做过交易员的学生也许想让我知道，他待过的交易所与案例中提到的有什么相似或不同的地方。而没有相关经验的学生，也许很好奇这一行的职业发展道路怎样。大部分教师会尽量回答学生的问题，但是因为下一堂课的教师马上要来，或者要去另一间教室上下一堂课，这使得教师回答课后问题的时间十分有限。如果时间到了，还有问题没有解答，教师通常会鼓励学生约时间单独交流。

　　通常教师们会把跟学生交流的时间放在下午：当天的课基本都结束后，会感觉很累，不能集中注意力做其他研究。我最初在商学院上课时，某天下午正跟学生在办公室交流，听到有人敲门。（根据学院规定，办公室门要半开着。）我的助理进来，跟我说下一个预约的时间到了。我并不记得自己还有一个会面，有些疑惑地看着她，但还是说了谢谢。学生离开后，我问她另一个预约的事。（教师的预约一般由助理安排，他们会分批进行，以提高效率。一般每个预约间隔20分钟。）助理说，其实没有什么预约。根据她多年做助理的经验，会在每次交流时间快到的时候提醒教师。她这是在帮我。早在1963年的时候，某位青年教师谈论对助理提供这类帮助的需求时说："面对认识180人（两个班级，那时学生都是男生）这样明显不可能的任务……很多教师宁愿避免和学生的接触，也不愿意鼓励学生这样做。"

　　随着新学期的展开，学生越来越关注自己的成绩，他们与教师预约交流的重点更多放在课堂表现上。从学生在会面时的用语变化上，可以看出他们的焦虑在加深。第三周，他们一般会这么问："能和您聊一聊我的课堂表现吗？"第六周是："我希望在下周或下下周您能有时间联系一下？"第九周："能否与您安排个简短的（5分钟）会面，说说怎么改善我的课堂表现？"这些要求的变化，也反映了学生随着课程的进展，调整自己预期，渐渐意识到在学期末要对教师提出更多的要求。与学生会面通常对教师有益，这能反馈他们对课程的接受度。学生对学习教材热情投入，是对教师工作的认可，能激励教师继续努力工作，比如编写案例。

学院积极鼓励教师编写案例、教学手册等教材。编写这些材料的一个关键原因是，学院不仅将案例教学法看成是"一种教学方法，还是一种研究方法"。编写案例一般包括：找到愿意配合的主人公；写出的例子要有细节，能让业内读者信服，也要具有普遍可读性，引起普通读者的兴趣；在使用这一案例前还要获得主人公所在公司的同意。（大部分案例，即使里面的人物身份被隐藏，也需要获得所涉及机构的签字同意。只有完全虚构的案例才不需要这么做。）与授课相同，编写案例也有固有的流程。从获得案例编号到逐行编辑，这中间包含了学院职员乐于主动提供的帮助。编写案例，除了能让编写者获得其他教师的认可外，也能获得经济上的激励。案例素材在学院外销售（主要卖给其他商学院的学生），编写教案的教师能获得一些版税。当然，其他教师的认可才是鼓励教师努力编写教材的真正动力。

在主讲教师第一次讲授自己编写的新案例时，学生会在那次课开始时起立鼓掌致意。不过，新案例在学院内部是否真的受欢迎，只有到学期末才能知晓。因为对案例的评价，是学生期末在线课程评估的一部

夜晚的校园，凯瑟琳·哈蒙德摄。

分。从教师每年夏天收到的案例编写的版税，可以大致看出新案例在学院外受欢迎的程度。这些数据有助于修订以前使用过的案例，让案例更清晰，或编写出学生需要的新案例：例如那些有关全球化或经营失败的案例。案例编写和根据评估修改的过程即便不是连续的生产过程，至少也是一个依固有惯例运行的系统。从需要记学生名字开始（九月或一月初），到课程和案例评估结果公布及开始构思新案例（十二月或四月底）为止，这个产品的生产过程需要不断更换合作伙伴。对教师而言，这已经成为一种常态。

从最微小的细节（幕布下降的时刻）到最大的挑战（培养自我发现），都有许多恰如其分且运转顺畅的机制帮助教师完成教学任务。早上8:40、10:20，还有下午1:10，教师在一年级学生教室里脱去外套，在那个时刻，这些动作是这一机制运转所呈现结果。这个过程捕捉并形成结构化的积累，帮教师学习各种技巧。如果某次案例讲得好，那复制那些成功的步骤，被认为是确保后续成功的最佳方法（不管由哪位教师讲授）。相比而言，对某次课的结论、在教室里提倡哪种视角等类似问题，对于成功的教学作用甚微。

换言之，教学小组会讨论教学内容，但是会刻意避免给课堂讨论设定标准"结论"。这些惯用做法只是引导教师用恰当的方式教课，但是教师有权自己做出恰当的结论。学院的某位早期捐赠人曾游说学院要明确教导"更高标准的商业道德"，设立伦理课程，学院高层却拒绝了。当时的院长爱德温·F.盖伊（Edwin F. Gay）在解释为什么不开设这门课程时说："我跟你一样相信，我们应当时常做一些讲座，讨论那些迄今仍令人疑惑、没有完全解决的问题，并给学生一些启发。"但他又说，"困难在于找到'内容实际、鼓舞人心，但又不说教'的演讲者。"

一直以来，说教——特定的结论或任何道德观念——都被视为是无效的教学方式。即便是有，也要以潜移默化的方式进行，这才符合学院的规范。一个密切关注学院动态的教育观察家最近注意到："有影响力的导师不会高高在上地发表宣言，因为学生们不会盲目接受权威（即便导师的确德高望重）。"反而，学院鼓励教师允许学生根据课堂上的讨论，自己做出结论。对此持怀疑态度的人也许会指出，尽管看似很模糊，课堂教学还是传递了学院具体的规范。尤其是，教师备课所依赖的教学手册通常包括具体的指引，告诉教师要教什么内容。下一章将通过分析教学手册来探讨这个假设是否成立。

第四章 （非）脚本化过程

他又把一本书上的太阳、月亮、星星、黄道、回归线、极圈等图形指给我看，还告诉我许多平面和立体图形的名称……

——乔纳森·斯威夫特（Jonathan Swift）
《格列佛游记》

结束外地的短暂行程后，我在回程的飞机上坐好，拿出打算在飞行途中看的资料。放在最上方的是一份案例教学手册，第二天我要给学生讲这个案例。和往常一样，星期日去波士顿的晚班航班几乎都是满员，一位旅客在我身边的座位上坐下来，也从包里拿了要读的资料。他塞上耳塞，拿出笔，开始在资料上写写画画。我瞥到资料上方有哈佛商学院的标志，他在阅读沃尔夫冈·凯勒（Wolfgang Keller）的案例，是有关一家希腊啤酒厂的。我心跳加快，开始紧张起来。我应该是在本学期晚些时候，而不是明天讲这个案例。他肯定是我授课年级那九个班里的学生，那么我可能把教案弄错了。

因为学生一般只会提前一天预习案例，我立马断定是自己弄错案例了。青年教师总是害怕出现教学混乱：走进教室，学生都准备好了，但是教师本人却拿错了案例，那简直就是个噩梦。能及时发现这种错误，实在是太幸运了！在第二天来临之前重新准备对的案例，还不迟。我真想对他说声谢谢。随后我注意到他用来装案例的文件夹，上面是麻省理工学院的标志，这让我如释重负。包括麻省理工在内的许多院校都用哈佛商学院的案例。无论他要上什么课，他的课程计划毫无疑问跟我的不一样。我在阅读教学手册，准备下次课案例时，他的老师或许正在看沃尔夫冈·凯勒的教学手册呢。

　　要把案例讲好，教师必须先将之消化吸收。"案例得读，甚至睡觉的时候也要想着它。"某位经验丰富的同事这么建议。读教学手册也是必不可少的环节。一份教学手册一般10至15页，学院教师和院外注册教师都能拿到。它会指导教师在课堂上如何教授某一案例。教学手册一般出自编写案例并第一个教授该案例的教师之手。像教学手册这样的"结构化配件"有重要的意义。教学手册就像地形图或天体图，为授课教师提供了阅读、使用案例数据的方法。作为课堂教学"范例"，教学手册以微妙的方式引导教师的行为。教学手册和教学小组会议一样，是教师备课的基础；如果学院存在什么约定俗成的规范，教学手册必须涵盖它们（至少是其中一部分）。教学手册内容丰富，积累了教授这一案例所有教师的经验，可以让其他教师熟悉该案例的不同使用方法。因此教学手册可以看成是经验尚浅的教师强有力的社会化工具，推而广之，对学生也有价值。

　　学院的许多课程还提供"课程手册"或"模块手册"（有关课堂某一环节的手册），以更综合的方式总结某一课程全部或部分的课堂教学过程。但是青年教师首先会注重日常的授课，因此教学手册在了解熟悉新课程上还是起着核心作用。教学手册汇总过往的教学工作，这令教学积累得以推广。与案例自身相比，教学手册更能让青年教师学会教学诀窍。从这种意义上来说，教学手册是课堂教学的重要支柱。

　　那教学手册都告诉我们些什么呢？如同前面章节中描述的课堂经历一样，教学手册能帮我们鉴别出学院环境中相对稳定或较为不稳定的因

教学案例被分发到这些学生信箱中，凯瑟琳·哈蒙德摄。

素。尽管教学手册给出了如何教授某一案例的建议，但是它们大部分不会指明最终要教的内容；它们从一定程度上将教学过程脚本化，但不会对教学目标做出限定，而是更为广泛。换句话说，大部分教学手册会描写成功做出当天菜式所需要的步骤或技巧，但不会明确指出要做的菜是什么。这并不是说教学手册没有用。事实上，它们为引导有力的讨论做好了准备。正如学院某位资深教师提醒我们的，案例教学法重点不在答案。它要教学生和教师鉴别出产生答案的"重要"问题，而几乎不关注答案可能是什么。这样的教学模式旨在培养学生的分析能力，教学手册能帮教师达成这一目标。

脚本化的教学步骤

"教师在开始上课的时候，应该问某位学生：'作为持有长线预期的股权投资人，你会给公司高级管理团队的表现打多少分——A、B、C，等等？'然后通过举手表决的方式，统计给各分数段的人数。大部分情况下，打B、C、D的人数差不多。"采取这种开场方式的教师，可能会以一种强有力的方式开始讨论：在上课伊始就让学生选择某种立场，是进入案例的一种有效途径。而且，这种开场也促使学生至少在脑海中进行思考，确定自己的判断是合理的。教学手册中列有许多类似评估性的开场问题："从1分到10分中，你会给公司表现打几分？""如果给你机会，你想去这家公司工作吗？"这些也是教学手册中许多典型的诱导性问题。

工商管理硕士第一年课程的大部分教学手册中（一年级所有十门必修课需要使用学院72%的教学手册），都列有诱导性问题。教师在课堂关键时刻可以用这些问题，推动课堂讨论的进行。（见表1教学手册分析汇总）例如，教师想转移课堂讨论的重点，从公司内部转到外部因素，可能会问"那谁会买这些产品？"或"谁是公司的客户？我们应该关注他们吗？"，这样的问题能将学生的注意力转到另一个话题上。教学手册会记有过往最有效的转移讨论重心的话题，因为这为成功教学提供了脚本；还会下大力气寻找精确的措辞，准确无误地将学生注意力吸引到未探讨的问题上，或鼓励他们将注意力转到另一话题上。任何一次话题转移都可能让一堆的学生举手要求再讲明白些（这无可非议）。例如，如果不事先明确评估对象（如公司表现），就让学生"对公司进行评估",这容易引出大量新进教师想象不到的讨论线索。人们常说,熟悉某一案例的有经验的教师,只要带上列出三四个主要问题的几张纸(或脑中记着三四个主要问题)上讲台,就能成功地组织起课堂讨论。

表1 2007—2008学年教学手册综述

	案例数量	教学手册数量	有教学手册案例所占比例（%）	样本手册数量
课程 A	38	17	45	6
课程 B	33	21	64	7
课程 C	20	13	65	4
课程 D	19	11	58	4
课程 E	29	25	86	8
课程 F	26	19	73	6
课程 G	26	16	62	5
课程 H	31	23	74	8
课程 I	29	20	69	7
课程 J	26	19	73	6
总计	277	184	66	61

注：这里分析了2007—2008学年度开设的所有十门必修课（如：金融学1、金融学2、市场营销、技术管理及运营、战略管理等）。那年还开设了谈判课程，因为课程被取消，所以不计算在内。模拟练习课程和选修课材料（如：阅读）也未包含在内。

新入职且天分不够的教师，还有很多青年教师都希望得到更多的帮助。因此大部分教学手册（十门课程中有62%）还记录了学生给出的典型答案。例如，关于学生对案例主人公的评价，编写这份手册的教师写下的注释是："学生当中，即便不是绝大多数，也有许多人认为他是位真诚善良的人。他犯了严重的罪行（或许太严重了），骄傲（也许太傲慢），有同情心（也许太盲目）……不过少数学生认为，他有些自大，甚至有些恃强凌弱。"有了这些启发，教师在准备这个案例时，就能预想到课堂上可能会出现的情况，提前做好应对方案。

虽然课堂教学总不尽相同，但了解学生对某些特定问题的典型反应还是有用的。另一位编写教学手册的教师，在提到某个案例的行动计划时，略带世故地提到："学生的回答是可以预料的：大部分学生建议采取某种象征性的惩罚形式，建议直接开除主人公的学生人数会稍微少些……少数学生选择不做任何处理……但是总会有几位直言不讳的学生，他们对于此问题的观点是要'言行一致'，这可以成为引导讨论的'分水岭'。"这份手册鼓励教师快速分辨出那几位直言不讳的学生，也许可以依靠他们反驳大部分学生的观点。教学手册从来不分析具体的学生，但是里面所提的一般性分类，能让教师预判课堂教学可能会向哪个方向发展。

虽然教学手册讲明了开场问题和学生的典型回答，课堂讨论还是会经常偏题。我不只一次思考过，在课堂讨论中，怎样才能到达预定的目标？案例中的细节容易搅进全面的讨论中。视频中主人公的穿着也许会引发对工作中权力关系的讨论；案例发生的地理环境会引起赞成或反对市区改造的讨论；附录中的脚注或许会导致针对数据有效性的讨论。这种改变讨论的细节数不胜数，而且随着学生组成的不同而不同。案例讨论从某种程度上映射了学生所期望的和他们所抗拒的不同的部分，因此课堂讨论的偏题在所难免。

教师们喜欢那些略有偏题的讨论带来的惊喜，因为它们能为案例教学注入活力，但是偶尔课堂讨论会严重离题。因此，如何重新获得至少部分掌握课堂讨论的控制权——有时十分必要——成为教学手册中第三类常见的话题（所有十门课程中有67%的案例手册中包含这项内容）。推广运用案例教学法或许就提倡从某种程度上失去课堂控制权，这是在讨论中学习别人真知灼见的机会。但实践中，很少有教师在不对讲课总体方向做设定的情况下，还能轻松地教授案例。教学手册提供了重新掌控偏题或停滞不前讨论的具体方法，以减轻教师的畏难心理。例如，某位可能曾在教学中遇到讨论偏题状况的教师，在手册中建议："如果学生带明显负面情绪，可以考虑用下面的话来遏制这样的倾向：'哇哦！你们太严苛了！你们得注意，这个管理团队在这个产业还未成形的时候，就发现了这些商机。他们可是在几乎没有先例可循的情况下创办了

学生进行课前预习的场地，韩磊摄。

一家公司。他们怎么会不擅长自己在做的事呢？""类似的问题必然会将学生的注意力引回到与案例相关的核心问题上。

同样，复杂的金融计算可能会使准备不足的学生拖慢课程进度，对此另一位编写手册的教师建议："案例中的计算也许十分复杂。为了在课堂上能顺利地解决这个问题，教师可以请几位学生志愿者，在上课前一天晚上将他们的分析交上来。选出两位分析做得最好的学生，来引导这堂课的讨论。这就能避免因计算复杂导致课程停滞不前的情况。"

因此，大部分教学手册会指出案例本身可能涉及的"雷区"，写出那些已经被采用过的补救方法，以回避或不触碰这些"地雷"。尽管"险情"仍然存在，但是这可以减少在课堂上"踩雷"的风险。不过"爆炸"事件还是会发生，但如果大家"安然无恙"，这便是教师的教学才华的体现。"愈合的伤口"和"淤青"是优秀教学的印记，这证明教师有勇气带领学生闯过"危险区域"。

高风险（但无法明说）的商场战役

教学手册虽然详细写明了教学过程中可采用的方法和形式（即开场问题、典型回答和重新掌控课堂的技巧），但是要确定案例总体教学目标并不那么容易。有3/4的教学手册（所有十门课程中有75%）清楚地指出了具体的教学或学习目标。比如，"为学生提供做出资本预算决策的机会"，理解"某种职业对员工一生所起的作用"，思考"用来创造和捕捉创新价值的合法手段"和认识到"市场发展需要经历几个阶段"。教学手册（以及相关案例）通过关注商场的各种挑战，促使学生掌握一系列技能，以达成更为广阔但无法明说的宏伟目标。

在商学院，教学手册将无形的商场转变成一系列具体而多样的商场挑战。医学院培养学生时，总喜欢让学生通过了解病症、诊断、治疗来认清事实。同样，在训练商学院学生时——如大部分教学手册中讲明的那样——鼓励他们将职场生涯看成是一系列挑战。面对这些挑战，需要掌握一些已经被证明是行之有效的解决方法。教学手册关注旨在克服挑战的各种分析工具，提供了希望学生掌握的多种方法。学生通过模型、框架、清单等，逐渐获得更多的技能。教学手册中明确指出的目标关注的是处理某些具体挑战的方法。因此不同教学手册中这类明确提出的目标很少有重叠的部分。从这些目标中，很难追溯出案例的整体教学目标。

尽管如此，大家还是会反复强调整体目标中潜在的风险及其重要性。如果案例与生死无关，那它们一定跟某中具有挑战性场景中的成功者及失败者有关；大部分教学手册会详细叙述公司或主人公成功或失败的经历（十门课程中有69%都提及了）。成功多种多样，可以用不同维度来衡量：最受关注的是案例主人公的成功经历（例如，"这位经理找到如何在亚洲运营公司的办法，成功地调整了公司的运营模式，现在准备迎接更大的成功"），但也有部门的成功（例如，选择这一计划"能提高员工士气和奉献精神，减少员工的不满和流失"）及公司的成功（例如：产品在全国得以推广销售，案例中提到的几家竞争对手最终决定不进入这个市场）。

同样，教学手册也会从各个层面阐述分析失败案例。手册中会提

走去课堂的学生，韩磊摄。

及主人公因为业绩表现不佳而被迫辞职，公司破产，政府要动用大笔财政资金帮助陷入困境苦苦挣扎的公司等信息。不过讨论成功经验的案例要稍微多些：只讨论成功的教学手册（九门课中有18%）比只讨论失败的要多一点（七门功课中有11%）。似乎没有确切的情景或个人因素（如：行业、环境、国家或主人公的基本信息）能预测成功或失败；所有环境因素和主人公个人因素，有同等的可能导致成功或失败。在教学手册中，似乎只有主人公情绪极度不稳定一贯与失败相关：匆匆忙忙做决定、极度愤怒、未思考就做出反应容易导致失败；未计划好、缺乏分析的行动似乎也常常以失败收场。

也许更重要的是，商场被描述成了既存在机会，同时也会出现意想不到困难的情景。相当多的教学手册指出，被讨论的处境最终结果有可能是失败，也可能是成功（九门课中有40%）。教学手册还强调行动过程绝不可能事先被预测。手册也促使教师和学生思考，如果选择其他的方案或路径，可能会出现什么结果——手册中总会含蓄地问结果是否会有所不同。换句话说，教学手册假设个人有很高的能动性。案例主人公是戏剧中的参与者，他们总要做个人抉择，每个抉择都面临承担沉重的后果。

大家对现实生活中真实事件的持续关注，使得职业生涯更为戏剧化。有关企业商战及其结果的消息充斥着校园生活。大家总能在无意中听到一群学生在讨论近期的市场发展和企业领导者更替。学生社团经常邀请公司高管来学校讲述他们的故事。教授第一学年课程的教师会收到所教案例中提及公司的最新资料，这些资料来自于教学小组中对案例最

报纸分拣台：《华尔街日报》和学院的学生自办报纸《哈伯斯》，作者摄。

熟悉的教师。许多教师还会通过阅读报刊跟踪最新动向。每天早上，大部分教师的信箱里都会投进《华尔街日报》和《纽约时报》，然后这些报纸很快被取回办公室。教师也会将某家公司的最新消息发给对其感兴趣的同事。许多过往商战的主角加盟商学院，教授管理实务课程。在校园里能看到他们，也能接触到他们。这些过去从事过商业实践的教师也正是是过往商战沉浮的鲜活化身。

有些教学手册中包含大量具有好战意味的术语（五门课中有18%），这也强调了主人公处在风险巨大的环境中。这些术语与华尔街投资银行家们所钟爱的无担保"约定清算"文化相去甚远。在教学手册中会出现这类字眼：公司"闯入"市场，向其他公司"宣战"，"参与经济战争"。同时，在国内外市场遭遇的竞争者都被称为"进攻者"，错误的行动被认为是"交易杀手"，公司容易被"恶意收购"。有些编写手册的教师甚至建议，问学生诸如"哪些'武器曾被使用过'"，"主人公如何为生存而战"等问题。很显然，在这样高不确定性的环境中，谁都不可能毫发无伤，任何人都可能被淘汰，甚至最知名的公司也会被击垮。一位教师在评论某个案例的"经典"特性时，解释道："这个案例说明了'历史上成功的老牌公司开始遭遇业绩压力，看似（也许是虚假的）会反弹回升。'"阅读这份手册的教师就会了解，即便案例主人公不知道将会发生什么，但是他们知道一场战役正在酝酿。在赢（这里指反弹）和输（这里指业绩压力）之间，风险显而易见。

那到底会是怎样一场战役？战役的总目标一般很模糊。不过有一点可以肯定，主人公显然在独自领导这些战斗。同样，美国公司倾向于将管理者定位为促成变革的人。许多教学手册将主人公描述成英雄人物。尽管成功和失败应当在多个层面加以衡量，但例如获得晋升或提高投资回报率等，教学手册中一般会描述由主人公个人（所有十门课程占62%），而非团队或部门来推动的。这些战役通常带有浓重的个人色彩，其中暗含的期望是学生能将自己当做案例的主人公。大量教学手册（八门课程中有39%）建议学生站在案例主人公的立场来思考问题。例如，有份手册给出这样的课堂问题："假如你忽视了这部分问题，你会对接下来的进展感到满意吗？""你想让你的公司成为《华尔街日报》上这个故事的主角吗？"不言而喻，组织的结局被归结为个人的决策的结果。

总的来说，教学手册要对那些对案例教学雄心勃勃的教师说些什么呢？从根本上讲，阅读手册的教师应当开始了解，案例描述的风险巨大的商战，而在战役中个人要做出艰难且具有重大意义的决策。教学手册将商场中的挑战视为人的问题。正确的判断十分重要，因为在类似战争的环境中，错误的决定会带来灾难性后果。教学手册将个人置于舞台中心，也就是在暗示主人公能主导自己的命运。将领导者视为自己命运的主宰，这种观念反映了在美国管理文化中崇尚社会学家凯瑟琳·S.纽曼（Katherine S. Newman）所说的"精英个人主义"，意为"个体为自己的命运负责的理念"。这个观点对人类行为的道德假设，有点像马克斯·韦伯描述的新教伦理观。在商学院的教学手册中，个人选择被视作个体和公司在决定其成败的各种战斗中获胜的关键，这样的视角占主导地位。

这种本体论将企业的成败转变成个人奋斗的结果。管理者成了广义上企业家的一部分，在这个群体中盛行个人主义和英雄主义。他们认同世界由个体可能性组成的概念，而忽视结构化的社会约束。当然，这种观点不可能包罗一切。尽管不是所有，但商学院大部分学生似乎渴望学习更多知识技能，而不是仅仅想掌握有助于个人发展的技术性工作。教学手册偶尔会顺便提及某种更远大的目标（如：创造就业机会、提升国家竞争力，等等）。但在大部分情况下，需要教师和学生展开想象，才能清楚说出这样的社会目标。教学手册基本上不会将这种目标脚本化，通常会故意地让多种目标共存。这种类似"将球传给队友的"姿态，让授课教师有权选择是否填补这个空白。

"美好生活"一瞥

教学手册不明确说出总体的大目标，这不意味着这些"结构化配件"不会下判断。我调查的超过半数的手册都会评述单个主人公的行为，说它们是否正确（所有十门课程中有56%）。不过，出于教学过程的考虑，大部分判断都有所保留。如果主人公依照正确的程序行事，手册编写教师常常会强调他/她遵循了恰当的步骤。例如，某位管理者在决定修改自己公司与客户公司长期关系的性质前，向该客户做了咨询，编写手册的教师对这件事给予了积极的评价。同样，另一位教师也赞同主人公在对竞争对手进行起诉的同时，寻找其他类似的可行方法，他/她还继而称赞主人公分析他各种应对方法的能力。

相比之下，那些被描述为做了错误选择的主人公，经常会忽视某个重要的市场信号，不理会别人传递给他的重要信息，或者低估员工的惰性。在随后渐渐明朗的戏剧性情节中，他们会忽略关键的警告性标志。虽然这些手册的叙述传达了关于主人公（以及推而广之到学生自己）什么该做、什么不该做的某些标准的线索，主要包括与步骤、行动、决定等相关的提示，但不会提示总的大目标。手册经常会指明正确和不正确的步骤，但很少明确地说明正确和错误的结果。对于主人公行动的总体方向，教学手册也会保持相对的沉默。

我第一次发现自己在课堂上采用了很强的规范立场时，感觉很奇怪：似乎没按脚本走，进入了一片未知的领域。那天课堂上主要讨论的是一家工厂的生产线。我问学生："生产线管理者可能最怕什么？""工会。"一个学生立马回答。这个学生指的是工会领导的罢工会使生产停止。他详细地讲述了这种事件的不良后果。其他学生都沉默不语，没有人举手。作为新手教师，我被这种沉默吓住了，那时还没学会耐心等待，等其他学生理解那位同学的评论。相反，我匆忙地插话，提醒学生注意不同国家和行业中工会的利弊。我的偏见显而易见，全班都注意到了。如果我有机会更新那个案例的教学手册，我很有可能会把这个小插曲当课堂上可能遇到的问题来写，提供一些重新开始讨论的方法。

教师支持的总目标或道德立场不包含在教学手册中，也不会编排进常规的课程教学中，历年来一年级学生的最后一次课尤其能反映这一点。每门这样的课总以一种特殊的方式来结课。为了遵循长久以来的传统，在这次课上，教师要跟学生分享一些更私人或个人独有的经验见解。一位上过十多门类似课程的学生说："它们'与日常惯例不同，没有案例研究讨论，没有惯常的上课节奏'，相反，老师会'告诉我们他自己的故事。'"

尽管被告知不要为最后一次课做太多准备,但是青年教师可能还是会下很大的工夫,甚至比准备某些案例讨论还认真。资深教师安慰青年教师,建议他们在那天只要做一些自己觉得对的事就好,但是弄清什么是对的也需要时间。我在商学院的第一年,翻看了放在家里的家庭合照,回忆旧事,想寻找一些灵感。我回想自己来商学院的原因,思索什么驱使我做现在做的事。这次课特意为教师提供了一个难得的机会,让他们与学生分享更多自己的信念。

我对自己第一次上的"最后一课"的记忆有些模糊了。我将准备好的最后一次讲话的大纲写在一张备课纸上,带到课堂上,然后说:"我想,我可以讲一讲,一位新入职教师在这里讲课所遇到的激动和焦虑的事,但是你们都亲眼见过了,所以没什么好说的。"说完这句话,我开始讲人生旅程——那些我们认为自己正在参与的,那些实际上我们最后做的,那些需要采取行动的,那些需要保持不变的——以及打包和解开行囊的过程。现在回想起来,我都怀疑有没有把自己的"故事"讲清楚,它是否有启发意义,不过它在那时候似乎很应景。在接下来的几年,依照自己对整学期授课过程的判断,我试图根据学生共同点来调整最后一次课的内容。为了将整个课程的内容融进更长远的框架内,我有时会给学生看一些艺术品的复制品,或者读几段让我深受启发的经典作品的节选。有些课没达到预期效果,有些则让我后悔,为什么只留这最后一点时间跟学生进行这样的交流。没有一次让我觉得完全是正常的。

显然,教师不同,结课的方式也不同。幸亏黛西·韦德曼(Daisy Wademan)出版了结课案例集,包含2001、2002两年间15个结课例子，我们能从中了解到教师们会在最后一课上讲些什么样的内容。（虽然她仅仅挑选了那些对她有启发，或者她觉得对她班上的同学有极大影响的故事，但是她搜集的例子都相当有代表性。）这些故事各不相同，却又表达了一致的主题。所有的故事都在讲"作为领导者，如何创造更好的生活"。有些教师说的话会让我们想到毕业典礼："勇往直前。听从自己内心强烈的愿望，听听自己的心声，想想你自己和人类的状况，然后做一些真正伟大的事。"其他教师则会给一些更实际的建议，例如鼓励学生在公司运用"与人类息息相关的技术，脚踏实地，接地气，平易近人"。当然，还有教师把重点放在如何衡量成功上。一位教师建议"从如何影响其他人……而非如何让自己的简历更精彩上衡量成功"。最后，有些教师更直率，直接提及学院的目标。例如，有位教师委婉地问："作为管理者，我们是否不能'创立自己的行为准则'？"他进一步阐释道："为什么不为管理者们这一整体制定一套使命，简述我们对技能和责任的最高标准？"这些话反映，甚至强化了学院早期有关"更佳标准"的叙述。

与平时的教学相比，这些"最后一课"能让教师向学生更加全面地展示自己。此外，它们还有助于实现更具象征意味的目标，即提供教学手册外的纯属个人的行动动机。（教师的故事绝不是典范。它们通常只是说明从工作中发现其意义的方法而已。）尽管这样的机会很少，但是这样的时刻也让大家或多或少能瞥见明确的总目标。在最后一课或其他课上讲述这些"故事"，大部分（如果不是全部的话）教师通过表达自己的观点，填补了常规教学手册中留的空白。

同样，一年级学生在最后一课上通常会表达他们对教师的想法。在

高兴地收到期末礼物,潘卡·马卡尔(Pankaj Makkar)摄。

学期结束时,学生获得这样的机会,让教师认识到他们所看重的东西。除了给教师送一份传统的礼物外(裱好的集体照或案例),班代表——班长、学习委员或与教师关系特别密切的学生——经常代表班级向教师致辞。这些致辞就像颂歌一般,通常会评论教师的教学能力和个人特质,但是有时也会认可教师的案例写作。下面摘录了一段学生的致辞:"这学期您概述了一些成功的路径。您教我们如何提问、如何计划、如何做领导……您的问题很难回答,您的授课井然有序。您写了两个新案例,您T恤上的字是'斯泰勒(stellar 星的)'。"这位教师,同时也是案例的编写者,因此明白自己写的东西是半公开的。正如一本为某些精品读者写的书,或一件独家观看的艺术作品一样,案例和相应的教学手册帮助学院学生对自己以后可能会成为什么样的人，形成一种共识。

从学生利益的角度看，案例显然是学院最显著的"结构化配件"。教学手册不那么显眼，是案例的辅助资料。更广泛地说，案例是学院基础教学设施的辅助资料。（第一年课程还包括偶尔的实训和小组项目，但是以案例为基础的教学是常态。）教学手册中提出的研究方案，有目的地将教学、学习和知识用某些方式组织起来。如果不抱着教育是一种社会控制形式这样的观点，大家很容易就能看出这种组织工具既限制个人发挥，又让人有发挥的余地，因此使得教学过程脚本化，同时又使其非脚本化。一旦遵循教学手册，它就能建立某个框架。在这个框架中，学习成为一种发现和建构的过程。因此，教学手册成为社会学家所谓的"文化后盾"或"把手"，保证教学的一致性。更具体地说，教学手册喜欢提问胜于回答，至少在编写的过程中，会避免稳定形成任何规范性观点。所以，对规范保持相对沉默似乎是商学院的一个文化后盾。

教学手册协助参与将人的问题重新编制成商业挑战，强调个人能否成功解决这些挑战的能力。从根本上说，这些概念是以案例为基础的课堂教学所围绕的永久根基。许多商学院都证实有这种个体能动性的偏见。这种偏见普遍存在，而且经常受谴责，但是至少从教学手册中可以看出，它在学院一年级的课程中似乎有相当大的控制力。然而，哈佛商学院的与众不同之处在于对于悬而未决的决策的高风险的普遍坚持。不仅仅个人对胜负结果负责，结果自身也要放在进行中的商战里进行讨论，而在商战中胜败都是正常现象。此外，胜负结果被看成是个人行为相当直接的反映。在社会学家米歇尔·拉蒙特（Michele Lamont）所描绘的，在美国普遍接受的"成为自己想成为的人"这种理念环境下，企业的成败能证明个人是否有十分想成功的意愿。这种本体论主要启示就是，或许学生对"失宠"（用凯瑟琳·纽曼的话）的恐惧并没有对不能"得宠"的恐惧深。个人的行动过程决定了得宠和失宠的不同。

不过，教学手册对此种行动过程的方向都保持沉默。因此"恩宠"的定义相当模糊。虽然教学手册一般会说清楚单个的商业挑战，但它们大部分不会说出总的目标。手册对关键的规范性事务保持沉默，就能让多种不同的目标共同存在于更广的学院视角范围中。将总目标从明显的沉默中提到台面上的是个人，尤其是教师。然而这种沉默只是表面上的，因为对于哪些是恰当行为，教学手册中给出了许多直白的线索。尽管如此，学院行政管理部门面临的一个中心问题是，如何挑选能正确表达目标，让这种明显的组织空洞活起来的人（见第六章）。除了选人外，还需要不断努力保证师资力量的延续性。下一章将探讨在教学过程外，新入职教师如何社会化。

第五章　做其他人不做的事

> 这些人穿着很少的衣服，戴着比他们的头略大一点的圆形帽子。在地里，他们戴便帽；但是在家里，根据职业不同，大家都戴白色、红色或其他颜色的四角帽。
>
> ——托马索·康帕内拉（Tommaso Campanella）
> 《太阳城》

到学院几年后，我从祖父母那儿继承了一幅带框的大蚀刻版画。但是它不适合挂在家里，因为家中大部分墙都占满了。所以它就成了装饰我办公室的最佳选择。这幅画作于1906年的德国，画中两个男人而非一只牛，在费力地拉着一具犁，一个女人在一旁指挥着。我将它带到学校，到处借钉子。"很抱歉，没找到。"教学助理说。"不过不要急，我们可以打电话给修理人员，他们会帮我们挂的。"她停了一会，突然抱歉地说："其实，我觉得你不能在墙上钉钉子，只有修理人员才可以。我来下作业通知单。"她微笑着安慰我。

没过二十四小时，一个维修人员来了。这人不仅看上去像是维修工，而且还带了设备齐全的工具箱。他先问我想把画挂在哪里，然后量了墙面的宽度和高度，找到正中心的位置。钻完定位孔后，他又从各种型号的铁钉中找了一个最合适的。或许是为了强调他很专业，他问："你不想这幅漂亮的艺术品掉下来，是吧？"我只能说不想。结果，我以为只要用锤子快速地在墙上敲几下的工作，成了一项精细的工程。最后他在墙面"受损"的地方刷了点白漆，才算完工。这给我留下了十分深刻的印象。很显然，我在学院不是干往墙上挂画或其他东西的。这个小插曲说明校园里的分工十分细，也说明这里存在许多塑造行为的组织

漂亮的工作：蚀刻版画完美地挂在正中央，作者摄。

标志。

  任何分工首先都能看成是对不同个人具有不同专业技术、经验或能力的反映。不过这也指明了社会学家埃米尔·杜尔凯姆（Emile Durkheim）所说的道德秩序，即不同道德功能在社会成员中分布的方式。正如我的同行——社会学家罗伯特·帕克在研究城市社区时提出到的那样，劳动分工形成"一门学科"或"塑造性格的方法"。随着任务的分配，性格得以塑成。从这种意义上说，观察教师在实际教学中（商学院其他员工在工作中）被期望做什么，有助于进一步了解学院喜欢什么样的性格特点或思维方式。

  希望教师不要自己往墙上挂任何东西，证明了这种分工的存在。

除了教学和研究外，教师还需要参与许多其他正式（如打分）和非正式（如与学生交流）的活动。同时，有很多正式（与学生之间非两厢情愿的关系）和非正式（在课堂上传道）的活动又被认为是禁止的。从这种意义上说，学院希望教师做或不做的事务范围，能体现哪些行为没被明确列入学院的其他惯例中，如有关合理研究的惯例（见第二章）。研究学院鼓励或不鼓励哪些行为，而不是哪些已成文或口头传达的行为，为探究学院的愿景提供了另一个窗口。

当人们做某项指定工作时，他们会找到标志能力授权范围的管辖边界。如果没指定让某人在某个范围内行事，那一般认为他/她能在另一领域胜任，因此也就是在默认提醒他们必须干这些事。分工不仅仅影响那些干指定任务的人（如维修工），也影响到那些被认为不需要干这些活的人（教师或教学助理）。因此，给学院教师应该做什么下的"空洞的"定义，可以首先建立在他们身边其他员工有权做什么的基础上。虽然维修工人只会偶尔闯入教师的生活，但是其他员工则会每天出现，提醒校园中存在劳动分工，提醒教师哪些行为是恰当的。

找出教师的默认角色

我刚来学院教课时，有一次在写一篇文章，想向某家学术期刊投稿。这家期刊的参考书目格式比较独特，我就问一位曾经在该期刊上发表过文章的同事，在投稿的时候是不是就要按照他们的格式来列参考书目。他嘲笑式的回答凸显了我经验的缺乏。"记住，你现在可是哈佛商学院的教授了。问问你的教学助理，她弄得绝对比你好。而且，这能让你专心干其他事。"最后一句话听起来几乎是在批评我。"其他事"似乎在委婉地指其他更重要的事。我不仅越界了，而且还走得越来越远，有可能辜负了其他的期望。

我的助理的确把参考书目的格式调得很好。每天，学院约80多名教学助理要帮助教师处理学术生活中的各种琐碎事务，确保他们可以安心工作。他们的作用跟专业服务公司的助理差不多。每位助理平均要为三到四名教师服务。他们一般负责与学院其他员工（学院高层除外）的联络，更新教师的电子行程，打点出差事宜。例如，如果两名教师在走廊上碰面，约定某个中午一块吃饭，那他们的助理会确定会餐的最佳日期和时间。同样，助理还要处理大部分学生的预约。

虽然在资源丰富的工作环境中，这种帮忙很常见，但是助理有一次提议，如果我在另一座教学楼上两节课的时候，她在课间可以给我带些零食去，这大大出乎我的意料。为什么要她给我送零食？这看起来几乎是奴役别人。课间休息时间是20分钟。但是在回答完第一个班学生的问题并给他们的课堂参与表现打完分之后，准备第二堂课的时间已经所剩无几。在第一次上完两节课中的第一节后，我意识到这种帮忙真有必要。我当时又累又饿，很想吃东西。这时去小餐厅买点心一般不可能，自动贩卖机前挤满了人，回办公室又太花时间。

虽然我婉言谢绝了这种帮助（宁愿自己带着零食），但是我接受了助理主动提出的许多其他的帮助，包括阅读我的信件（标有机密的除外），在会面前准备学生个人资料，打印出差地的地图。任何忙碌的人都能认识到这种有针对性帮助的好处。这些帮助都十分周到，再加上学

某位教师偏离了核心任务？凯瑟琳·哈蒙德摄。

院其他员工的帮助，就能分析出学院希望教师起的默认作用。这样的环境帮助教师专注于他们的"核心"工作任务，特别是教学与研究的任务。

除了配教学助理外，学院还设立了其他各种行政辅助职位，目的都是为了将教师从"不重要的"活动中解放出来。最容易被注意到的或许就是研究助理，他们要帮助教师做很多任务。每年，学院会聘用100多名新的研究助理，他们大部分都会在学院待上几年。（研究助理一般要同时为几位教师工作。）这些人通常是学院的全职员工，而不是边学习边兼职的学生（而其他学术研究的辅助人员经常是由学生做兼职），从这可以看出学院十分注重对教师的服务保障。

每天，除了研究助理外，还有其他员工为教师提供帮助。课程助理

（每门一年级核心课程配一位），班长（每个新工商管理硕士班的学院联系人），学习委员（每个班自行选出）也是支持教师工作的基础。教师进行包括编写互动课程内容或新的教案等任何可以想象到的任务时，都能在学院中找到合适的人，并且可以获得他们的帮助。如果要完成费人工的复印或编程处理数据这样意料外的任务，可以召集一群临时工或偶尔来帮忙但没固定雇佣关系的人员提供帮助。要说还有什么问题，那就是确定请谁帮忙比获得实际帮助要困难得多。

其他跟教学有关的任务也被精简或外包了（不包括打分，我会在后文详细说明）。例如，传统上，学院会花钱聘请"书记员"，他们跟学生一同上课，为教师记录学生的出勤情况，以作课后参考。如今，学生缺勤通知系统的使用，表明学院在考虑精简非核心活动。在有课的日子，我的电子邮箱里经常会收到几封系统自动发出的信息，开头都一样："亲爱的安特比教授，请留意以下缺勤信息。"接着是根据当堂课情况产生的详细内容："学生姓名：玛莎·琼斯（Martha Jones）（杜撰的名字）；缺勤日期：2008年11月14日；缺勤原因：病假；附加信息：我非常不舒服，今天不能来上课了，很抱歉给您添麻烦了。"对于学生来说，只需一个步骤就能将自己请假的信息告诉所有教师。对于教师来说，这个系统能高效率地通知我们谁会缺席，以及该学生可能发生了什么事。有了这些帮助，同时处理将近200名学生事务的复杂度——无需任何教学助理的帮助——大大降低了。教学助理或兼职助理不再在课堂上出现的情况，强调了教学是教师最基本任务的事实。

学院所做的一切都是确保其他（非基本）任务得到合理分配，并得以完成。例如，处理学生生病或个人事务这样的事情，明确属于教师的非核心任务。"如果出现紧急病症，只需一个反应：打急救电话。"这是必修课教师接受强制培训中涉及的一条。主讲人还说："教师不能在现场实施紧急治疗。要让受过训练的急救人员来做急救。"主讲人在说完"受过训练"这个词后，停了很长时间，强调教师不适合做急救这项任务。同时，主讲人挥挥手中未插线头的听筒，再次强调："打急救电话。"

换句话说，我们不应该试图做自己没准备好的事。如果还有人不明白主讲人传递的信息，他/她会接着说："你不是社会服务工作者、心理医生或婚姻顾问。"在这个时候，在场所有为学生做过类似事情的教师，听过之后几乎都会为此感到羞愧。（我低下了头。）"在一个学生人数将近900的年级中，会出现很多事情。大家会遇到很多问题：会有父母去世，会生病，也注定会有离别……当这些事情发生的时候，请一定要告诉学生我们（学院的学生服务团队）会帮助他们。"事实上，很多教师仍然会向那些他们觉得需要帮助的学生伸出援助之手。不过，除了这些帮助外，学生还能获得专业的帮助和服务。

学院还会帮助教师处理与家庭生活有关的琐事，给教师更多的时间。在工作之余，教师还能获得私人门房服务，帮忙处理生活琐事。门房可以找人帮忙打扫屋子，寻找度假租赁小屋，甚至为庆祝纪念日订花。他们也能处理像申请居住证或签证这样费时的行政事务。同样，门房能解决家庭电脑修理或房屋维修等事宜。这些帮助没有缩小教师的授权范围，反而在与其他授权的对比中，更明确了他们的责任范围。

由于有人分担了大部分日常任务，而其他许多任务又被列为禁区。于是，学院的新入职教师几乎没什么其他事可做，只能全神贯注地做其他人不做的事情。教师如果充分利用学院的各种帮助，可能就只会跟同事、职工、学生以及家人交往。（所以我偶尔在波士顿乘坐公共交通工具出行时，都会感觉有些不适应。）这些工作实践就形成了社会学家亚瑟·斯丁奇科姆所说的"组织完整"感，或让成员在无需与外界接触的情况下就能满足他们所有的需求。那在这样的情况下，留给教师做的是什么呢？

学院教师总是忙忙碌碌，几乎不见有空闲的时刻。我们知道教师要教学、编写教材、从事相关的研究（见第二章和第三章）。在此我不再赘述前文描述过的任务。每个教师很轻易就能让这些工作把自己的时间占满。如果教师还不确定自己在空闲时间做什么，那他们每周都收到的"教师研究出版物"摘要（一个发送给教师们的电子信息），会提醒他们要把工夫放在哪儿。其中包含的信息有，某周内教师们都发表了哪些研究成果或教学资料（如新论文、书或案例），并附上摘要。阅读这样的最新信息，会让所有不用功的人立马行动起来。然而，除了这些活动，教师还要从事的另几项关键任务——包括审查集体成员资格，为学院服务及赚取合适的收入。

审查集体成员资格

在感恩节及其他很多节日里，住在学院里的人们都聚在一起庆祝，建立校园中的社区联系。有一年，我在与教过的工商管理硕士班的学生一起聚餐的时候，我认出了屋子另一边的某位学生，他与另一位教师坐在一张小些的餐桌旁。不过，他的出现让我很疑惑。他上过我的课，不过是上一届的。（一般这种聚餐都是按班级来组织的。）但是他所在的班级不在这儿聚餐。去取自助餐的时候，我跟他打了招呼。

这位学生告诉我他做了些什么，又上了哪些课，以及他以后的职业规划。他兴致勃勃地跟我说着他的最新情况，但是我还是不明白为什么他会跟这个班的学生出现在同一间屋子里。我问他跟哪个班的同学坐在一起时，他小声地回答"K班"。我从未听说过K班，据我所知，一个年级只有十个班，从A到J。见我很困惑，他解释说在K班的学生是那些在学校多待了一年，因此比同届同学迟一年毕业的学生。换句话说，成立K班是为了试图让那些自己决定或被迫休学一年的学生重新融入学院生活。

起初，所有被录取的学生都被认为应该会成功。老同事告诉新进教师，要提醒所有在入学之初对学院环境缺乏安全感的学生，"学院不会录取错人。"（只有10%的申请者才会被录取。）"你在这里，是因为你应该站在这里。"这是缺乏安全感学生非常喜欢的一句激励的话。然而，这不能防止某些学生在第一年挂很多门课。如果出现这样的情况，这些学生就要"上榜"（hit the screen），得休学一年去获得更多经验或解决某些特定的问题（如课堂参与）。大部分这样的学生在第二年都会回来，然后在第三年毕业。

学院学习成绩委员会会监督休学一年的学生，审查他们的回校申请。申请是学生向学习成绩委员会成员写的简短的反省报告。我试着向一位"上榜"学生解释要做什么时说："要想申请回来上课，你必须说清楚自己已经认识到问题在哪儿，而且正在解决这些问题。换句话说，

另一种形式的巡逻，凯瑟琳·哈蒙德摄。

就是在做自我批评。只要你表现出改进的诚意，就可以了。"这是我对重新申请过程的（肤浅的）理解。学生听了似乎有点吃惊。一年之后，我跟这位学生走在校园中的小路上时，我们会心一笑。他已经获得重新加入这个集体的许可了。

　　集体成员资格是学院努力处理的一个中心问题。让某些学生休学以及随后的复课，这些做法都向其他学生表明，任何人都有可能会延缓毕业，而且即使被录取了，也不一定就能毕业。同时，也许对学院来说，它对复课学生的需要甚于学生对它的需要。他们重回学校表明存在进步的可能。如果没有他们，这样的做法就体现不出效果。复课说明个人可以做出足够大的改变以至于值得被挽回。从这种意义上说，复课可被视为促进"更佳标准"的最好例子。鉴于学生在学院的学习时间相对较短，这样的做法成为罕见的标记学生可觉察纵向变化的印记。

各科教师打的分数形成学生的学业成绩，因此教师在检测集体成员进出方面发挥着作用。在其他院校，有教学助理或专门的批阅教师批改论文或试卷，但是哈佛商学院的教师要负责批改作业、评价学生的课堂参与表现，给学生打分。这样形成的学业成绩有助于评估学生的整体表现。此外，学院强制采用了一种打分曲线，即每个班和每门课学生的分数要遵循一定的分布规律。一个班高分占比不超过20%（90个学生中大约是18个），低分占比不超过10%（约为9个），其他人的分数则在最高和最低之间。

在我的观察笔记中，有一条期末做的记录凸显了这种评分曲线对教师的挑战。"又要给学生打总评分了。每个地方的每一位教师都在做这件事，但是在大部分院校，总有些偷懒的学生，能'帮忙'打出符合分布规律的分数。可是在这里，学生们都很勤奋、聪明、专注。所以真的很难选出最差的10%。通常来说，找出三或四个参与度不高的学生不难：他们在期末考试中的答题情况最糟糕，一学期里上交的作业最少，课堂上大部分时间都在听，很少参与讨论。然而，最大的问题是怎么找剩下的四五个学生。"一开始，很多初级教师也觉得选择其他学生很难。

教师要在一群有凝聚力的学生中，不顾他们课业表现差的程度，找出相对最差的那几个。这是哈佛商学院相当独特的做法。首先，不是所有商学院都强制采用评分曲线。不过即使是采用分数分布规律来评分的商学院，大部分也只用于为临时组成的学生团体打分。在这些院校，学生不用组成固定班级，而是根据课程来分班，每周只会有几个小时在一起学习同一课程，然后获得这一课程的分数。在商学院，一个班的学生要花一整年的时间一起上十多门课，相互交往，在被"用分数曲线评分"之前，通常已经建立起了亲密的友情。因此，他们要在一群熟悉的人而非陌生人中被排名次。（法学院也通常这么做。）学生很快注意到这种机制，知道他们要努力胜过同伴。学院报纸曾引用过某位学生的话，来解释这种感觉："在一屋子的人面前，没有人想表现得十分愚蠢。他们拼了命想给大家留下深刻印象。"不管评分分布规律能向校外可能的雇主披露什么信息，它都是班级内部的分类和信号机制。

虽然评分在任何院校中都很重要，但是学院让任课教师来评分，而且分数具有很大的影响力，这个事实大大改变了关系利害的因素。被劝休学一年的同学，他们从班级或学院"消失"并不会悄无声息，不会不引起注意。尽管有些学生认为分数打得有些随意，但是多门课的成绩都很低，很难让学生不重视。强制性的短暂退出会让学生反复认识到自己不佳的表现。学院这种强制实施评分曲线的做法可以追溯到1941年。华莱士·多纳姆院长在那一年注意到，学院在15%学生的录取上犯了"错误"。（现在这种错误率似乎非常低。）因此学院不得不"在第一学年把这些人吓跑，或者拒绝给他们升入二年级的机会"。让得低分多的学生休学意在修正这些错误。同样，得高分多的学生也得到了学院的关注。每年，学院排名前5%的毕业生都会获得"贝克学者"的称号。这些学生容易被视作成为学院研究助理，继而成为博士生，最终成为教师的理想候选人。（尽管近年以来，这个通道越来越窄。）

通过对学生表现加以区分，教师们实际上是在检查他们是否有资格继续留在学院这一集体中。无论任课教师在打分的时候，是将结构和环境机制考虑在内，还是只考虑个人能动性，他们最终都要对学生负责，打出有区分度的分数。学院的评分政策依赖于，同时也保证大量的学生有不同的学业表现。这种分化支持个人决定的结果。不均衡的结果证实不管怎样，个人在学业表现上都会存在不同的理念。教师或教学小组拥有根据学生不同的表现而打分的权力。

为学校服务

在美国大部分的校园里，教师都要投身服务学校。这对内来说是为了他们的雇主（学校），对外来说是因为他们身为教师这份职业。许多资深教师要在校内委员会工作（如促进委员会）和处理行政管理工作（如做项目负责人）。此外，很多教师是学术期刊的编辑，是专业协会的活跃分子。在学院，这些服务需求对资深教师来说，似乎就转换成他们被迅速填满的日程，这速度比高潮位时海滩漫灌的速度还快。将群体（学院）重要性置于亚群体（专业学科）之上或许就是由这种情况造成的。

任何院校的教师都需要参与服务事务，不过学院教师经常说的不是在为学院工作，而是在"服务"。从教授高级管理课程到访问海外校友会，这种服务呈现出多种形式。特别是对资深教师来说，他们的服务经常涉及保护新入职教师，不让他们承担过重的行政负担。保护青年教师的做法在美国许多研究型大学中十分普遍，不过商学院资深教师和青年教师1:1的人数比——在哈佛大学所有院系中最低（牙科学院

商学院小教堂内部，凯瑟琳·哈蒙德摄。

除外）——使得资深教师要花更高代价来做保护工作。（哈佛大学专业学院资深教师和初级教师平均比率比为1.6∶1，科学与艺术学院则为2.6∶1。）因为能分担事务的资深教师相对较少，学院资深教师自然给人一种十分忙碌的感觉。

同时，保护初级教师展现了学院更广泛的期望：某人社会等级越高，行动越要有目的性——在此，就是指帮助初级同事。资深教师深入参与学院事务不仅仅是表面现象。它还表明了组织的预期，从某种程度上解释了为什么校园会给人一种秩序感（见第一章）。大家要为共同的目标奋斗这种预期，存在于学院的许多运作过程中，与经常被说的高管自私自利行为理念形成鲜明对比。学院采用某种先发制人的方式，似乎在鼓励教师通过不遵照自私自利的行为模式，积极为他人服务这样的做法，证明人们对公司自私的刻板印象是假的。这样的行为以及为更高目标服务的理念，都意在强调学院的教育期望。

一年一度的学生拍卖会，最能体现这种反企业刻板印象的做法。每年春季，每个一年级工商管理硕士班级都要开拍卖会，设法让学院教师"捐赠拍卖物"，筹集善款。第一次碰到教过的学生想免费拿走我的一件拍卖品时，我向一位同事咨询建议。"每年都有，不要太操心。"他对我说。同事们一致认为最经时间考验的捐赠品是四人聚餐。"你也许想制造什么惊喜，但总的来说不太需要花脑筋。"另一位同事又说："那些喜欢你的学生会自动来竞拍你捐的东西。到这一天结束时，你们都会很高兴。"那就选聚餐吧。组织拍卖会的学生来我办公室的时候，我接待了他，告诉他我会捐一个丰盛的四人法式晚餐。

学生在感谢我之后，立马问起拍价是多少。我没想到后面还有这个问题。但是，我读过很多与决策相关的资料，知道如果起价太低会让拍卖物（在这里就是我）显得不那么上台面，如果太高则显得盲目自大。我问他觉得多少钱比较合适。"100美元似乎不错。"他十分确定地回答。"假设有四个学生出价买你的晚餐，每人平均25美元。"我也觉得这个价钱合理。在他离开办公室之后，我还烦恼这个价格是不是太合理了，或许有些便宜？的确这只是起价，但是我为学院做了恰当的服务吗？

尽管大部分为学院服务的恰当方式都需要教师亲力亲为（比如教学和委员会工作），而在学生拍卖会上，跟美国许多其他院校一样，钱成为"衡量价值是否合理的基本工具"。每年拍卖会筹集的善款都很多。从2006年至2009年非随机抽取的九个班级拍卖会样本中，平均每个班都筹到约78,000美元,其中大部分来自学生。拍卖筹集的善款最后捐给学生选出的某个或多个慈善机构。捐赠的拍卖物多种多样,有为期一周的四人海外度假游(起拍价3,250美元),也有从学校到波士顿洛根机场的专车服务(起拍价20美元)。在这种情况下,大家估值的结果必然是,一个人提供恰当服务的能力部分依赖他/她恰当回馈这个集体的能力。

教授一年级课程的教师通常会为这些拍卖活动捐赠物品,这是为学院服务,从更广泛的意义上说,也是为学生服务的一部分。拍卖结果的样本显示,平均来说,有将近80%的任课教师都会捐赠拍卖品。(有些教师也会参与竞拍。)许多教师,尤其是初级教师,假借捐晚餐的名义把自己也当做拍卖品来拍卖。教师捐赠的拍卖品中有60%是晚餐,费用从25美元到1000美元不等,平均下来,拍得一餐要315美元。教师捐赠的拍卖品中,还有相当多的价位很高,例如在科德角沙滩度假屋待一周,一次私人飞机旅行。高价位的拍卖品一般被视为是捐赠人和竞拍人财富和慷慨的证明。

收取合适的费用

从19世纪末开始,美国研究型大学已经融合了很多理想元素,但没有一个将赚钱视为其核心价值。相反,他们的中心使命是研究、教学、提倡自由和艺术、利用实用知识缓解社会矛盾。因此,在学院,许多教师在做校外兼职时采用二分定价法,部分解决了赚钱与达成其他目标之间的矛盾。学院希望在校外兼职的教师要么收高额费用，要么不收费用。

某个夏日的午后，在办公室接完一个意外来电之后，我间接了解了这样的赚钱动力。电话那头的女士用柔和的声音做了自我介绍，告诉我她在找人协商企业聚会的问题。然而，她很快进入正题：想知道我要收多少费用。在毫无准备之下（我第一次接到这样的电话），我问他们的预算是多少。她委婉地没给出比较确切的数字。后来由于时间安排冲突，我们很快结束了这通谈话。挂上电话之后，我思考着如何恰当地回答她的问题。几个月之后，"多少钱合适"这个问题有了清楚的答案。

接到这通电话后不久，一位资深同事请我帮忙，为一个与我研究领域相关的项目担任顾问。它引起了我的兴趣，所以我欣然接受了这份工作。因为工作需要，还雇了一个研究生。他的日薪（500美元）是预先定好的，我的则没有。项目完成后，同事让我开顾问费发票。我以为自己一天的"价值"是学生的六倍。"这不对。去做做功课，问问其他初级同事。"她建议。向几位同事打听过后，我的确得到了更高的"合适的"日薪。"低于那个价格都是低估。"类似建议我听了很多遍。不能被人看得很廉价。教师有能力赚得高收入，不仅仅体现他/她的个人能力，也显示并提高学院的整体声誉。收高昂的演讲和顾问费，捍卫并反映学院品牌的价值。学院从教师在研究和教学方面的产出中受益，而用社会学家C.莱特·米尔斯（C. Wright Mills）的话说，教师也会"借用学院的声望"。此外，所教的研究生和高级管理课程的研修生如果成为成功的领袖，教师就能像百货商店迎合尊贵客户需求的销售人员一样，借助对他们学生成功的期望来获益。也就是说，学院全体教师共同扮演一个拥有高价值的人物，因为它培养着那些继续赢得声誉的人。因此确定某人的日薪无疑成了集体的决定。收取高额费用反映并维持着学院的高端定位。从某种程度上说，这也能看做是为学院做恰当的服务。

学院的管理实务教授，有很多在来学院教书之前就是企业高管。对于他们来说，收取高额费用是自然而然的事情。对于许多刚刚开始追求终身教职的初级教师来说，这种预期很惊人。根据学术水平，美国商学院教授的平均工资相对来说比较高。但是在哈佛商学院，工资只是教师的部分收入。教师做演讲和顾问收取高额费用的能力，其中也因为有学院的声望，能让教师增加自己的收入，也能让他们在拍卖等其他场合更加慷慨。

然而，不是所有的兼职都收费。对校外兼职请求的另一个回应方式是免费接受。例如，有些教师在企业做收费的兼职外，还为非营利组织和民间组织做无偿服务。这些机构不用花钱，就能从教师的专业知识中获益。在什么情况下不收费，完全由教师自己决定。教师无偿做了什么不重要，重要的是他们的无偿服务做成了什么。正如学院两位资深教师说的那样："买卖只有作为达成某一目的的手段才有用。"从选择无偿服务中能瞥见这样的目的。这种无偿的校外兼职意味着个人的目的可能不是为获取私人利益。

一旦有关付费和免费兼职的标准定了之后，处理起类似之前电话邀约兼职的事务就容易多了。根据许多新入职教师的经验，他们会拒绝所有不提供研究相关问题场所的、提供不了足够报酬的以及没有研究价值的邀约。因此，所有接受的兼职工作，要么费用很高，能反映学院的声望，要么不收费。在中间的（也就是几千美元的工作）都被拒绝了。学院教师似乎很少公开谈论如何定兼职收费的标准，这或许表明钱的问题太重要，不能提，抑或是太无关紧要，不需要提。

除了教学和研究之外，本章描述的活动让教师十分忙碌。在学院，大家接受了这种基于支持专业化的分工的期待。但是在校外，这种期待执行起来不容易。这从我偶尔犯的过失上可以证明这一点。"你能帮我买一些彩色便签纸吗？"有一次在用完便签纸时，我打电话给爱人说。（学院只有黄色的，而我的助理那天又正好不在。）我说完自己的要求，听到那边顿了一下，突然感觉有什么不对劲儿。我没理由不自己跑一趟啊，校园里就有便利店。到那时我才反应过来，我也可以走去买自己要的东西的。但是这样的行为会违背学院的两种期待。首先，教师在校园内的活动模式很少让他们出现在便利店中（见第一章）。其次，我的助理会定期为我办理杂事，如去图书馆找书或买上课用品。我要做的不是这些杂事，而是做像审查集体成员资格、为学院服务或赚取合适佣金等工作。但是我爱人没这样的固定思维。

我们经常会问在某个特定环境中，什么重要，要做什么。作为个人，我们经常遇到这样的问题，也在脑中形成了多种不断演进的答案。作为一个集体或组织的成员，我们会遇到类似的问题，经常依赖其他成员提供的线索和提示得到可靠的结论。对于学院的新进教师，其他员工与教师能帮助他们弄清楚学院的预期。尤其是，通过将教师从其他事务中解放出来，让他们专注于做某些事。学院的行政支持体系就明确了教师最应该做什么。

教师很快就能领会这些。他们除了进行教学和研究外，更重要的任务是捍卫学院总的奋斗目标。认可成绩优异的学生（贝克学者），鉴别出需要更多训练的学生（通过强制性暂时退出机制），让教师通过审查集体成员资格来达成这样的期望。此外，区分学生层次，强调个人在决定自己在学校及将来企业生涯中命运的作用。教师捍卫学院总的奋斗目标的另一个途径是，对校外兼职采用二分收费法，偶尔为支持自己认为有价值的事业提供无偿服务。虽然学院开创力的终点还无法确定（也就是事业），但是这种兼职的存在十分重要。

校园中劳动分工的程度由专业化程度决定，而且会加深专业化程度。细致的劳动分工容易导致管理层级复杂化，也会让处于不同社会地位的个人相互依赖。如今，学院教职工要依靠其他人的帮助来完成自己的任务。这种依赖关系反过来为集体生活奠定了基础。学院提倡的集体生活处处充满秩序：大部分个人知道学院要求自己做什么，自己能从别人那儿得到什么。这种秩序不仅实用——是开展各种活动的有效方式——而且有效果，是达成更广大目标的有效途径。包括组织秩序在内的文化秩序不仅仅是工具，也是实现文化计划的种子。总目标依旧模糊或许是更广大目标的一部分。

然而，组织模式的一个关键组成仍在不断地变化：教师中依然存在着不同。鉴于学院的总目标似乎未确定，加上教师自发行为的不确定性，所以需要预先的"质量控制"。因此，选择恰当的个人，即那些最可能以恰当方式回应多种组织标志的人，对实现组织追求显得尤为重要。下一章，也是有关实证的最后一章，将探讨这个挑选过程。

第六章　选择有合适态度的教师

城市是由家庭组成的，家是由有亲属关系的成员共同居住的……所有男性，即儿子及孙子都住在同一幢屋子里，听命于年纪最大的家长。

——托马斯·莫尔（Thomas More）
《乌托邦》

对于幸运的求职者，获得一个最终有机会争取终身教职的职位通常标志着漫漫求职路的结束，不用再跑来跑去，不用再参加一轮轮的面谈。依照惯例，求职者要向可能会聘请自己的系部全体教师陈述自己最近的研究，会见到系里大部分成员，甚至是全体成员。我在哈佛商学院的求职经历，跟任何有抱负的教师在美国重点大学求职时遇到的一样。这其中包括一次工作谈话和许多其他规定程序。正如某位外国观察者所说，美国教师招募程序通常包括"和个人或一小群人进行早餐、中餐、晚餐餐会……以及和一群群研究生进行简短交流……热烈的掌声（讲话之后），与系主任和院长预约会晤"。我在商学院的经历与这没什么差别。从查尔斯饭店的早餐到与负责教师招聘的高级副院长谈话，整个过程都遵照可以预料到的模式进行。

然而，在我接到邮寄来的录用通知之后，这个程序从某种程度上偏离了原来的老路。在接到录用通知之前，我就知道它在寄过来的路上了，因为他们在电话里跟我说了这个消息。随录用通知寄来的包裹中包含一堆文件，林林总总，从住房指南到对各种医疗保险的介绍。尽管事先接到了通知，但是在亲手拿到录用通知时，我仍然大大松了一口气。因为急着要正式结束自己的求职之旅，我就在这堆文件中找那份确认书，准备签好寄回去确认接受这份工作。找了一圈都没找到，我便打电话给学院的联系人，问有什么文件需要我签字。"哦，没有。"她回答："你的一句话就行了。"她觉察到我的疑惑，又说："如果你想给我寄点什么，什么都可以……明信片也行！再次祝贺你加入我们的教师队伍。"我原先以为要签合同，不过他们没这么做，其中隐含的信息是，得到学院工作的申请人实际上值得信任，能遵守自己的诺言。如果不能，他们怎可能会被录用呢？

学院有很多塑造教学和研究活动的固定模式，但是在明显的组织真空地带，学院管理层仍然需要依靠教师的自主活动，来传递并强化所有的规范性理念。因此选择合适的教师对成功实现学院的（道德）追求十分关键。正如1908年爱德温·F.盖伊院长在探究学院师德上的立场时，写道："困难在于找到能以合适的态度处理这一话题的讲师。"因此决定教师进入或离开这一集体的组织惯例是理解问题的关键。它们捕捉关键的通过仪式，即进入某一集体或被排斥在外。因为通过仪式包含"戏剧性表现"，所以它们是"向成员确定构成某一文化基础的共同意义"的重要工具。有时，从组织处理人员进出方法上能完全看清楚某一组织的视角。

从我被录用过程的简单描述中可以看出，加入学院教师队伍便被看做达成了一项君子协定，而非是建立某种契约关系。录用过程与其说是确定某种服务与工资的交换关系，不如说是确定对某项使命的忠诚。这似乎在假设在职教师和新进人员之间原本就存在亲密的关系。这种假设十分合理，因为从历史上看，新进人员在任职之前要在学院待很长时间。不过，最近的录用程序已经越来越偏离原来的录用程序。这种变化对学院的发展和内部运作具有深远的启示。

教师组成：平衡法

在我被聘用几年后的一个春天，我的许多学生即将毕业，我决定参加学校的毕业典礼。要去参加毕业典礼，我得去查尔斯河那边，还要穿合适的学位服。我自己没有方帽、长袍和垂布，因此，我的助理就打电话租了一套。我告诉她，要记得我是纽约大学毕业的，因为依惯例学位服的颜色代表着毕业的院校。服务商已跟学院合作多年，问助理谁要学位服。"一位老师。"我的助理说。她说明我的身份和毕业院校。服务商立马回答："袍子是深红色的（哈佛大学的颜色）。"似乎深红色已经被默认为学院教师所租所有学位服的颜色了。

助理重复了一遍授予我博士学位的院校名称。"我们会留意这个问题的。"服务商用专业的口吻回答。第二天，助理接到他们的电话，说袍子是全黑的，垂布是紫罗兰色，是我母校的颜色。他们告诉助理："有类似要求的不多，很抱歉之前混淆了。"虽然从校外招聘的教师越来越多，学院教师，或者至少参加毕业典礼的教师中，大部分还是从哈佛毕业的。

聘请在本院校接受最高学历培训的毕业生任教，在学界称为近亲繁殖。尽管近亲繁殖经常受到谴责，但这种现象在许多院校普遍存在，而且由来已久。例如，在1938年开展的一项研究中，研究者考察了印第安纳大学从1885年到1937年所有外校培养教师的聘用情况,发现学校教师有43%毕业于这所大学。近期的一项研究调查了32所大学法学院教师聘用情况,发现平均20%的初级教师都是本院校培养的。新近的研究表明,哈佛和耶鲁的法学院聘用本校毕业生的比率最高,初级教师中本校毕业生的比例分别为81%和73%。

表2 2009年哈佛商学院教师最高学历分布图

	哈佛大学博士	哈佛商学院工商管理博士	哈佛大学其他硕士学位	非哈佛大学学位	总计
教授	23 (24%)	12 (10%)	1 (1%)	63 (65%)	99
拥有哈佛商学院工商管理硕士学位	8	6	1	2	17
副教授	8 (24%)	2 (6%)	—	23 (70%)	33
拥有哈佛商学院工商管理硕士学位	2	—	—	1	3
助理教授	7 (14%)	2 (4%)	—	40 (82%)	49
拥有哈佛商学院工商管理硕士学位	—	—	—	—	0
管理实务教授	1 (7%)	2 (13%)	5 (34%)	7 (47%)	15
拥有哈佛商学院工商管理硕士学位	—	2	4	2	8
总计	40 (20%)	16 (8%)	6 (3%)	135 (69%)	197
拥有哈佛商学院工商管理硕士学位	10	8	5	5	28

注：本表不包括（1）从2009年6月调阅数据到该年9月统计形成本表时离开商学院的教师（3人）；（2）在休假中的教师（2人）；（3）客座教师（5人）。在最高学历不是由哈佛大学授予，且无哈佛商学院工商管理硕士学位的教师中，有两位在哈佛大学获得了学士学位。

来源：哈佛商学院教师与研究网站（http://www.hbs.edu/research/）2009年6月26日访问

  2009年，哈佛商学院182位拥有终身教职或可能获得终身教职的教师中，有超过30%的教师最高学历由哈佛大学授予。这些学位主要包括艺术和科学学院授予的博士学位（21%）和商学院授予的工商管理博士（接近9%）（见表2）。商学院录用本院毕业生（拥有商学院工商管理博士学位的学生）比例之高，即便是在哈佛大学内部，也十分罕见，这偶尔引起人们对学院这种近亲繁殖做法的批评。相反的，其他观察者将这种做法解释成是学院实力的象征，表明学院正确地培养了未来的教师。斯坦福大学行为科学高级研究中心原主任伯纳德·贝雷尔森（Bernard Berelson），对美国的研究生教育持有类似的观点，他认为顶尖大学的近亲繁殖比率"天生很高，因为他们一直是主要的教师产地：历史最悠久、最好的学院近亲繁殖现象总比其他的要多。"因此近亲繁殖既表现社会同质，也表明教学质量。

  鉴于学院采用独特的方式对教师业绩进行评估（见第二章），那么，这并不奇怪。这些应聘者更容易被视为高度符合学校的期望。他们也熟悉如何找到相关性。并且，他们通常已经掌握学院内部的工作方式。拥有商学院工商管理硕士学位或者工商管理博士学位的教师，在给一年级学生上的第一堂课上可以跟他们说自己当年就坐在某个位置，为了同样的学位而学习。这样的开场让学生感到学院是恒久存在的，能增强教师的可信度，让他/她从一开始就与学生建立"融洽的关系"。

尽管近亲繁殖得到认同，但是维持足够的其他院校毕业教师的招聘比例也同样重要。即便是有活力的机构要想继续兴盛下去，也需要外部力量的输入。在这种情况下，保持哈佛本校培养教师和外校培养教师的均衡能使学院持续发展。仅仅是补充师资力量，招募优秀的外校毕业教师就已经很有必要。早在20世纪50年代末到60年代初，密切观察学院的研究者就注意到"学院最重大的发展可能就是师资队伍的增长"。从那时起到2000年，教师人数增长了近80名。从20世纪50年代开始，学院聘用了一大批教师，旨在增强学院在估算领域及社会科学方面的竞争力。这一变化与福特和卡耐基基金会建议商学院要聘请以上相关专业人士发生在同一时间。因此，学院开始有目的地聘请外校毕业教师。

外校毕业教师对学院产生了多重影响。毕业典礼上深红色之外颜色的学位服越来越多，尽管这一现象仍然不具有代表性，但这或许是这种变化最明显的证据。学院也开始举办为期一周的暑期培训班，旨在保证新进教师融入学院这个集体。在2004年，学院还成立了教师教学与学习中心。然而，非哈佛大学培养的教师只有在获得学院终身教职时，才能得到代表他们真正融入学院的最终标志：根据传统，那些教师——非哈佛大学培养但获得该校终身教职的教师——在获得任命时都会被授予哈佛大学荣誉学位。这种追加认可的方法表示受聘人成为学院的正式成员，也象征性地确认这一任命的恰当性：在受聘人缺乏哈佛大学教育的情况下，就授予其学术纯度代理权。在近些年，授予这种代理权的需求越来越大。

师资渠道的改变

学院选聘教师的过程十分繁琐。每个系部的小组委员会要仔细阅读申请人的所有申请材料，包括发表过及尚未发表的手稿，还有推荐信。得到学院的聘用，这在学院内部被认为是只有少数人才能获得的殊荣。学院为能对应聘的教师进行尽职地审查而感到自豪，所有的细节都不会忽视。在过去，这种尽职审查通常会延续几年，这多亏学院从一定程度上依赖某种特殊的招聘来源：学院拥有的一批研究助理。招聘小组委员会私下知晓这些申请教职的助理的详细情况，这也助长了教师聘用中的近亲繁殖。

每年学院都会分拨一定的资金用来雇佣研究助理帮忙做各种项目。这些助理所做的工作，除了课堂教学外，都与教师的类似。从传统上来说，他们的主要任务是编写教学案例，交给教师编辑，最后联合出版。直到今天，大部分助理还在写案例，但是许多也参与现场访谈、分析数据、起草论文和书稿的部分章节。在学院1982年出版的一份助理指南中，助理工作"极度杂乱"的性质被看成是由"学术研究的特征"决定的。它鼓励助理买一本"标准字典"，一本好的商业字典以及一本同义词字典。教师与助理的工作有部分重叠，这不是偶然。在过去，助理是要被培养成教师的。换句话说，助理过去通常是在接受培训中的教师和在以后可能会被聘用的学院教师。教师和助理通常建立了牢固的关系，这一点儿也不令人惊讶。（事实上，助理的聘期不能超过五年，这样的规定限定了这种关系持续的时间。）

到2000年我加入哈佛商学院时，能做助理的一般都是有才能的本科生。他们经常是由教师的熟人推荐的（例如在大学带很多本科生的同事）。申请助理的学生学历背景真的很优秀：他们当中有许多是学术明星、会说多门语言、有竞争力的运动员。再拥有几年合适的工作经历累积经验，他们所有人似乎都能成为学院研究生的理想申请人。然而事实并不完全如此。过去，助理大部分是学院新近毕业的工商管理硕士，导师将他们精挑细选出来，并鼓励他们成为未来的教师。如果我在五十年前仔细检查申请助理的人，那么看到自己教的工商管理硕士学生的几率会很高。

从向新研究助理传达的信息的性质中最能显示助理基本情况的改变。在1950年给新研究助理的一份备忘录中，它鼓励助理"请向教授介绍自己，即使你们在课堂上曾见过他们（加了着重号）"。"人们一般都渴望见到新人，"备忘录中继续写道："但是偶尔也会因记不住新人名字而感到尴尬。"这样的假设暗示，受聘的助理中有许多是学院在读或已毕业的工商管理硕士学生。在谈到使用图书馆服务的时候，这种暗示更明显："如果你曾经是这里的学生，那不用说，你知道图书馆工作人员能提供非常大的帮助。"这也清楚地指出，做出在攻读商科博士的同时做研究助理这样的选择，是希望一些助理能获得成为训练有素教师的合适的经验。的确，尽管研究助理的人数比未来获得教职的人要多出很多，但那时研究助理被称为"实习老师"。

在近些年给新研究助理的备忘录或手册中，不会再提及助理之前可能对学院和教师十分熟悉之类的事情，也不存在招募在读博士生这样的选择了。造成这种改变的原因有多种，其中最主要的两个原因是从20世纪50年代以来，工商管理硕士研究生的平均年龄一直在增加，并且越来越多的校外雇主提供比大学更高的工资。到2000年，学院助理中本院工商管理硕士研究生所占比例急剧下滑。从2005年到2009年，学院聘用了632名研究助理，他们分别来自90多所大学，其中本院工商管理硕士研究生不到10%（58位）。相比之下，14%（88位）来自哈佛大学商学院，是新助理的主要来源。（威尔斯利学院排第三，占所有助理的5%。）尽管如此，如果传统的教师任命渠道不变，这10%拥有本院工商管理硕士学位的助理，仍然是学院未来教师的巨大储备资源。不过新的教师聘用策略已经出现。

时代变化

在旧的渠道不存在的情况下，那现在新教师在哪儿接受培训呢？两名资深教师和研究助理最近合著出版的一本书上说，典型的新的招募方法越来越倾向于聘用接受商学院院外或哈佛大学校外，接受传统学术领域培养的人员。"1980年，30%的教师拥有哈佛大学工商管理硕士学位，36%的教师拥有哈佛商学院或哈佛大学博士学位。到1999年，这些比例分别下降到20%和30%，而且在持续下降。新招聘的教师中，拥有各学科博士学位的越来越多。"

这种招聘模式与学院以往的做法形成鲜明对比。"记录显示，在过去，学院培养的年轻人对学院的发展起了十分重要的作用。"梅尔文·T.科普兰（Melvin T. Copland）（他在学院当了45年教师）在1958年退休后写道。"要在这将所有从研究、教学、行政助理开始走

137

上教书之路的教师都列出来，那名单就太长了。"如今，尽管有少数成功案例，但是也只有少数研究助理似乎能申请到学院的博士课程，然后留校成为教师。新入职教师大部分都不是学院培养的。

这个改变回应了法国的大学于1968年发生的类似的继承危机。那一年，社会发生了激烈的动荡。那时，许多人将这种动荡称为"时代危机"。但是密切关注法国学术界的专家皮埃尔·布尔迪厄将之更清楚地描述成"学术时代"间的危机。那年在法国，一个培养相似社会特性的新教师，确保自身延续性的学术建制突然停止运行。新教师的社会背景突然变得多样起来。他们当中许多人没有老同事拥有的高文凭。他们和这些同事的认同感相对不足，给法国学术体制带来了永久的改变。这些改变让中级教师产生新的、几乎是荒谬的希望（例如，希望在"改革后的"体系中出现新的职业）。同时，在有声望学者的言谈中却充满了怀旧色彩。面对新一代的兴起，资深教授哀悼着正在消失的世界。

商学院教师背景的变化没有法国的那么剧烈。不过尽管如此，这个对比仍然凸显了学院在确保师资增长上，对内部培养人员的依赖减少了，而将新聘教师融入"老人"崇尚的标准中的需要在增加。一个十分普通的情节能反映学院需要不断重复其已定的标准。每位新进教师在加入学校的时候，都要被安排拍一张近照，以便放在学院的网上用来提升影响力。（学院会定期请教师更新照片。）因为许多照片都是在某一天拍的，为了避免混乱，教师在拍第一张照片时都要拿一张写有自己名字的名卡。邀请教师拍照的卡片上都写着："请穿上职业装。"这在提醒教师学院的规范。在聘用过程中普遍存在的君子协定，在此就表现为体面的着装。当时，与其他新进人员一样，我依照规定，穿着西装外套，系上领带去拍照。

西装外套和领带表现了学院规范的连续性。但是它们遮住了穿着者背景的深刻变化。学院教师在学术背景、时代前景、性别认同,甚至"态度"上,都在逐渐演进。大家将西装外套和领带,而非女士衬衫和裙子看成是默认的穿着,这一点也不能忽视。学院在对待不同性别上的变化,完全可以做一项单独的研究。我采用的研究方法允许我不用站在女性的角度来阐述。其他研究或许更适合探究学院对性别的变化过程。

俄罗斯轮盘赌

在谈论教师演进时,如果不考虑现在的教师,那这种讨论是不全面的。在学院的教师不仅仅有刚刚被选聘进来的,大部分还是那些没被要求离开的。(也有自愿离开的,但人数很少。)

跟大部分美国的研究型大学一样,学院采用的是"不升就走"的模式。正如社会学家西奥多·卡普洛和里斯·J.麦吉在半个世纪前研究美国学术劳动力市场时写的报告中所说,"在重点研究型大学,助理教授获得晋升的几率大概是五六个中选一个。"他们还观察到一个不令人惊讶的现象,"在没获得终身教职之前的学术生涯早期,教师在经济和精神上都十分没有安全感。"在学院,教师晋升的可能性与卡普洛和麦吉发现的大概差不多,如今许多未获得终身教职的教师也都普遍没有安全感。

学院看重研究相关性(见第二章)的这种特殊的评估体系,加深了这种不安全感。在每一次晋升审查中，无论是从助理教授到副教授，还是从副教授到正教授，学院资深教师都要阅读申请人情况总结。某位荣誉退休教授将之描述为"由某一委员会撰写的有关申请人成就的二十页的报告"。接着全体资深教师聚集在有名的"大房间"里，讨论申请人的资格，对是否允许其晋升进行投票。这名荣誉退休教授在回忆这个过程时说："它对投票教师的影响跟对申请人的影响一样巨大。每位参与这个过程的教授，都会注意到学院的标准。他们在标准前感到卑微，会根据标准评价自己的表现，对自己的工作提出更高的要求。"在投票结束后，院长根据教师的意见，做出最后决定，这不包括终身教职的授予。对于终身教职的授予，只有大学校长根据院长们的意见才能拍板决定。

这种例行有选择地让未获得终身教职的教师离开学院的退出机制，强化了学院教师队伍的排他性。与许多精英教育机构一样，排他的观念是确立精英地位不可分割的一部分。近期一份有关美国一所精英寄宿学校的研究指出："或许确立精英地位最关键的一步是使某种排他方法合理化，这种方法决定着谁能进入这个圈子，谁不能。"学院聘用教师和让教师退出的方法，结合了一个精心设置且漫长的新成员挑选过程与一个高效快速的退出过程。这种模式在关系紧密的集体中十分常见，这样的集体依靠成员间高度信任来确保实现集体目标。

在美国重点研究型大学的所有教师都十分清楚"不升就走"的晋升模式。但是学院惯常用来描述教师退出的比喻，强调了学院与其他大学的不同之处。"你喜欢玩俄罗斯轮盘赌吗？"一次一位同事问我。我不知道她要表达什么意思。"在这里，"她解释道："你要成为一个玩家。这有点像俄罗斯轮盘赌。但是玩俄罗斯轮盘赌你被杀的几率是六分之一，而在这里是六分之五。"（和卡普洛与麦吉的报告中写的几率一样）她说的时候面带微笑。她用生动的比喻是想帮助我理解学院的退出机制。"六个人当中只有一人能获得终身教职，所以就想自己到时不能获得终身教职吧。这样，在这里就像是一次解放的经历！"

尽管轮盘赌的比喻，或许与学院大部分教学手册中将有目的的个人行为与结果联系起来的比喻相矛盾，但它却精准地抓住了哈佛大学以及其他学校未获得终身教职教师中普遍存在的不安全感。例如，1998年到2003年间，哈佛大学科学与艺术学院聘用的青年教师的退出率在人文艺术系是72%，社会科学系是85%。在涉及集体成员资格延续性的问题上，轮盘赌的比喻强调的是环境因素而非个人因素，这或许能帮助青年教师应付自己的不安全感，但也促使学院快速处理教师退出事宜。

一旦某位教师被认为不值得继续在学院任职，他/她在校园存在的证据消失的速度之快十分惊人。专业的搬家人员通常会迅速地将办公室粉刷一新，擦去原先使用者的所有痕迹。他们的名字或许还留在某些案例上，以前的学生偶尔还会问起他们。但是就像在家庭聚会时，未获邀请的家庭成员不会被提及一样，即使老同事对离开的人还记忆犹新，但是新进人员根本看不到他们的存在。

学院教师的退出率或许不比其他同类机构低，但是在职教师之后的职业道路也许能从某种程度上解释后任者为什么会忽视他们。直到近些年，许多在职教师一般会进入企业工作，或者选择更加注重教学而非传统学术研究的机构发展。他们在学院的接替者，越来越多的是接受传统研究生教育的教师，容易接触到的是其他学者的工作，而不是行业从业者或资深教师的活动。因此学院的青年教师，由于在校外培养的越来越多，他们几乎都不知道已经离开的前任教师的名字。

我租袍子参加哈佛大学毕业典礼那年，有三位同事跟我一起参加了这个活动。在我写这句话的时候，他们当中有两个已经离开学院了。左轮手枪正在制造伤亡。其中一位同事在另一所研究型大学获得了教职，另一位进了一所以教学为主的大学。不过他们都给我留下了深刻的印象。就像被遗弃的家庭成员一样，他们的离去就跟他们的存在一样，引发同样多的共鸣。尽管他们存在的痕迹很快被擦除了，但是我们过去的互动的回忆依然存在。

有几个因素对保持组织视角一致性起作用，而日常惯例是其中的关键因素。一旦大家都遵循惯例，不少任务无需管理层介入就能顺利进行。从根本上说，惯例让组织几乎可以进行内生复制发展。然而，要让某种视角持续存在，必须阻止外界破坏性因素的影响。例如，据说学院管理层为本院几乎从未停过课而自豪。（即便在20世纪60年代末的学生反战运动中，与哈佛大学其他学院不一样，商学院仍然像校报《哈佛深红报》说的那样，"正常"运转。）无论"外界"发生什么，能正常运转，这会被看成是某种形式的傲慢，但也标志着强大的内部一致性。

然而，如果惯例不能明确总目标，文化复制会变得复杂。在这样的情况下，确保视角一致性的另一个关键因素——学院教师背景的一致性就要发挥作用了。当外界输入不能忽视时，就需要有选择地将它们融入内部目标。就教师队伍而言，从学院角度有选择地聘用拥有恰当态度的教师变得越来越有挑战性。在越来越依赖外部招聘的学术劳动力市场上，能用来考察潜在新员工表现的时间越来越少。

在过去，学院招聘委员会成员可以在很长一段时间内（如从求职者获得研究助理一职到博士阶段学习这段时间），搜集应聘者有"恰当态度"的证据。然而，现在要对应聘者进行评估，他们必须更少地依赖证据和更多地依靠信号：其他大学教师的推荐信，应聘者放在求职档案中的为某一目标而写的论文。这种变化反映了教师组成的时代变化和招聘渠道的变化。

每所大学都会在师资选择上下工夫。聘用新的青年或资深教师对学校有深远影响。一个拥有终身教职的资深教师加入学校，在他/她剩下的职业生涯中，他/她可能都会待在这所学校里。如果聘用的是青年教师，招聘的院系通常要花很长时间进行培养，加快他/她在教学和科研上的进步，帮助他/她成长为学者。

在哈佛商学院，还有一个因素影响招聘过程：因为道德标准大部分都没有被脚本化，新进教师会填补这个明显的组织空白。从这方面说，从近亲繁殖转变成更外向的招聘模式，为学院的成长和下滑都提供了可能。学院需要新进教师补充师资力量，外部招聘已经做到了这一点。然而，新进人员的累积效应也许会影响到学院保持其独特视角的能力。与过去相比，下滑发生的几率也许更高，尽管后果仍有待观察。

结论　无声沉默

> 我不愿意生活在村庄里,但是有时我愿意;
> 我不愿意生活在简陋的小屋里,但是有时我愿意;
> 我很想生活在世外桃源,但不是永远都想。
>
> ——乔治·佩雷克(Georges Perec)
> 《论想象理想城的难处》

本书的主要贡献在于，让大家更全面深入地了解在组织环境下惯例和道德之间的相互作用。从最普遍的意义上说，本研究证明，从更动态的观点来看惯例，能丰富大家对大规模道德教化工程的理解。研究通过展示在惯例中个人有自行裁断的自由，强调将道德写入组织脚本这种尝试。在这样做的过程中，它揭示了相对自由与限制并存是道德制造潜在的基础建设。

　　研究通过强调依惯例行事引起的不一致体验——这些惯例显然没有（直接）指出如何行事，但却又存在于一个富含如何恰当行事（非直接）信号的环境中——指出无声沉默中存在产生有效结果的模糊的可能。理论上说，多种观点在这种沉默中都能并存。因此本研究结果向实施大规模道德教化工程注入了一些人性。从某种意义上说，马克斯·韦伯预言的组织生活的"铁笼"，也许没看上去的那么坚固。在它的无声沉默中，笼子也许不仅用来困住其成员，也允许存在道德觉醒的可能。

　　鉴于推进"更佳商业标准"为本次研究提供了条件，本书研究结果让大家更深入了解组织如何追求道德目标。向整个专业领域或行业宣扬某种道德规范，不仅是商业教育独有的现象。其他专业领域和行业也试

147

图进行类似的改造。例如，在大家认为广播业需要改进时，英国广播公司的创立就被认为是实现做"好广播"的一种途径。历史学家阿萨·布里格斯（Asa Briggs）曾这么解释英国广播公司第一任总经理的话，说好广播指"不将'大众'看成是能用统计数据来表示偏好的无名人群集合……而是能成长和发展的活生生的听众"。该公司的广播不会只根据收听率来做改进。这个组织的使命是"维持高标准，提供最佳的规则，拒绝伤害"。总的来说，它的目标是给没有规矩的广播业带来某种秩序感。

在十六、十七世纪的英格兰，出现了为培养职业海军军官而提供的培训课程，这是进行道德教育的另一个例子。船长们原本是有良好修养的士兵，或者是出身卑微但技术精湛的领航员，他们经过一些培训之后逐渐成为"海军军官"。对于那些出身更卑微且被称为水手的领航员来说，在军官培训的过程中，他们还要接受绅士训练，让自己的行为举止更绅士些。按诺伯特·伊莱亚斯的说法，绅士一词将"上层和部分中产阶级"与其他大众区分开来。海军军官与外军交流，在外代表王室的机会越来越多，所以他们需要得体的行为。因此海军军官培训将水手转变得像绅士，将绅士变成领航员。这个过程让这一新式职业不断发展壮大。

这种道德教化工程不仅限于发生在遥远的过去。伊莱亚斯在20世纪50年代解释说："两个社会出身不同、专业能力不同的群体（如今）共同管理国家的各种行业。管理这些行业的人部分是中产阶级，部分是工人阶级出身。"伊莱亚斯用某种引人注目的方式，预见了以精英大学为基础的商业教育面临的核心挑战。他的评论抓住了商业教育赋予其自身使命的一个核心特点，即传播关于适当商业行为的共同观点。因此，精英商学院不仅要参与社会学家皮埃尔·布尔迪厄和让·克劳德·帕斯隆（Jean-Claude Passeron）所说的"文化复制"，还要参与文化扩张。除了商人的儿子（还有他们的女儿）外，该行业中有抱负的从业者也要懂得如何行事。在这些商学院的教师们也受托捍卫这种道德追求。如上所说，精英商学院是研究道德教化工程的有趣的环境。虽然本研究的见解仅来源于对一所这种学院中教师社会化的分析，但它们很可能也存在于其他组织的道德追求中。

通过无声沉默使道德惯例化

在道德方面，组织及其内部运作发挥着关键作用。在将道德困境构建成仅仅是个人决定的问题这个过程中，我们通常忘记了个人是在集体环境中行事这个事实。然而，与一些学者想引导我们所相信的不同，道德行为极少独断地发生，或者发生在与环境脱离的行为实验室中。个人做出选择，但人们是作为广泛集体的成员做这样选择的。这些集体从某种程度上塑造了他们的行为。就像医生在医院决定如何做治疗，或者收账员在收债代理公司如何工作一样，一些看似个人的决定，不能被认为与它们的组织环境无关。如果我们要讨论个人的道德行为，我们就尤其需要关注引发或阻碍这种行为的组织条件。此外，因为大型组织依赖惯例运行，那么在研究道德时，免不了要探究惯例在对道德追求的作用。

149

在组织内部，本研究尤其强调领导通过无声沉默来制造成员道德的这种可能。在许多（如果不是全部）组织领导人呼吁高度道德的环境中，哪怕是提倡有限的内部沉默，也会显得像是一种反直觉的行为。然而相对的组织沉默可能恰好就允许道德繁荣发展。长盛不衰的组织或许就以同样的方式培养不一致的因素，而不是将它排挤出去。拥有强大规范目标的组织或许会提倡无声沉默（和容忍异议），而不是公开的表达其规范性观念（和反复劝说）。无声沉默也许能提供过去学者所呼吁的那种制造道德行为的自由。

本研究还强调，在将某些道德观念输入集体成员中时，把集体指导和个人自由联系起来的惯例脚本化十分重要。在组织社会化文献中，研究者很早就注意到了用直接或间接方法塑造成员行为的尝试。更具体地说，这种塑造可以追溯到学者和管理人员开始对组织成员从心理上接受组织需要越来越感兴趣的时候。正如吉迪恩·昆达（Gideon Kunda）注意到的那样，这种集体塑造可以解释为"将限制根植于成员'心中'"的尝试。相比较而言，研究者很少关注同时要克制不进入成员私人世界的这种需要。（学者们最近使用非强制性控制来指使用较少干预手段进行人员管理的方法，这暗指的就是这种克制的力量。）然而，组织成员对自由和限制的某种习以为常和矛盾的体验，或许是组织进行道德追求的关键。

回顾本书序言，是综合本研究主要结论和其更广泛意义的恰当方法。我在本书开头提了三个主要问题，希望对它们的回答能推广到除在此分析的组织以外的其他更多组织上。首先，我问通过组织脚本和惯例，道德能不能大规模传递。其次，我问道德脚本化的过程是否会改变甚至摧毁它。再次，我问道德在组织中如何长存。对哈佛商学院教师社会化的分析，为这些问题提供了探索性的回答。人种学的研究鲜少提倡顺化对比（smooth comparisons），但还是能得出一些可能的普遍的结论。

道德能不能通过组织脚本和惯例进行大规模传递？回答也许比过去学者提出的更具细微差别。毫无疑问，将道德规范化为更稳定的模式，会存在注重过程胜于实质的风险。自从马克斯·韦伯指出魅力型领导惯例化中存在这种危险后，许多其他道德脚本化过程也遭遇了类似的命运。例如，最近社会学家弗兰克·多宾（Frank Dobbin）记录了美国企业在将平权政策主流化和惯例化的过程中的一些可比较的动态。企业人事专家在20世纪70年代为根除管理者偏见，正式制定了人员聘用和晋升政策，他们也更加狭义地界定了歧视。例如，人事专家逐渐将性骚扰培训（常见的一个过程）推广为阻止歧视的一个工具；在这个过程中，他们就将歧视的概念限制在性别歧视上。同样，在商学院，如果详细列出"得体"行为包含哪些内容，将重新定义并可能还会限制我们对得体的理解。组织试图将更高的道德标准详细写入它们的脚本中时，内部转译过程本身就会制造极大的障碍。象征性地坚持某些步骤，让组织在只获得微小的成果时能声称已经做了努力，这不能算是成功。从这个意义上说，道德或许不能被写入脚本。而脚本能做的是允许道德有出现的希望。

无声沉默认识到道德不可能过度脚本化，但也看到了取得进展的希望。我将无声沉默定义为在富含规范性符号的环境中，在几乎没有高层直接指导的情况下，做重要决定的惯例。我已说过，哈佛商学院为这种无声沉默提供了一个例子，不过其他组织也已采用了这种模式。德国和以色列军队也许是这种模式的最佳范例。第二次世界大战之后，两国军队都想建立组织保障，确保军队不会不经任何阻碍就实施战争暴行。这其中隐含的目标就是对军事人员进行道德教化。在德国，这种保障措施以推广内部导向概念的形式来进行。20世纪50年代，康特·W.包狄辛（Count W. Baudissin）对这个概念做了解释，并认识到"战争越残忍，就越需要人文精神和得体的举止"。他解释说："士兵只有感觉到命令遵循某套道德观念——这套观念只关注在某一情境中公正的事情——才会深信不疑地服从。"公平、人文精神和得体由什么构成，在此就故意没明确指出。通过将沉默写入这些惯例中，德军试图平衡服从命令与主观意识的需求。相似的，以色列军队推行"枪炮纯洁"的概念，体现了军人"只有在执行任务的目的下，只有在必要的程度下才会使用武器和武力，并且即使在战斗中也会保持人道精神"这样的理念。在此，也故意没给人道下定义，但是从其他士兵的行为中可以推测出它可能包含的内容。

这两种方法事实上都制造了广泛的组织沉默。它们也凸显了其他组织在努力通过无声沉默将道德写入脚本。我不是争论，无声沉默是将道德写入脚本的恰当方式，甚至是唯一方式。也可以设想其他的模式。然而直到现在，在组织研究中，大家几乎都忽视了相对沉默是进行道德教化工程并扩大其影响的一种手段。沉默通常都被视为一种无效的组织过程。例如，沉默被证明会妨碍、改变、甚至破坏组织。与此同时，沉默对组织的益处却被忽视了。更明确地说，需要更密切关注沉默在增强道德追求方面的潜力。默默地追求不能仅仅被看成注定会失败的努力。在

152

特定条件下，沉默或许也能产生效用。

沉默的生成性首先在于它的吸收性。詹姆斯·布根塔尔（James Bugental）在其文章《天空的沉默》中就抓住了它这一特性，这篇文章过去是哈佛商学院二年级学生选修课上要读的一篇。布根塔尔写道："我们带着探索的眼光看着世界，搜寻着意义。我们再回到自己的问题上，却没找到答案。我们徒然地寻找着终极的价值、美德和原因……天空依然沉默着。"沉默的天空或许会引发焦虑，但是它也能创造出一个培养道德的真空环境。这种真空也许允许某些道德传递，但是它或许也允许其他不同的、预料之外的结果的产生。因此，沉默也许不能传递单独一种道德观念，而只会允许多种道德观念的出现。

道德脚本化会不会改变甚至毁坏道德？要回答这个与组织沉默脚本化相关的问题，就得记住沉默的存在只与喧嚣形成鲜明的对比。沉默或许围绕着某些决定，那塑造其他大部分或者许多决定的无声提示肯定比较少。从理论上说，每一个沉默都会允许出现新的结果，而在运转顺畅的环境中，任何嵌套式决定至少在某种程度上倾向于适应组织内外整体的风气。控制系统常常建立在另一个系统之上，而不是替代它。正如哈里森·怀特在揭露经济学家对个人能动性概念的依赖性时文雅地说，能动性绝少是问题，真正有问题的经常是"某种社会探索"或达成和维持控制的某种方法。能动性或许能增强某种有限文化领域内的自主权，但是它经常会使控制急剧增强。类似的，无声沉默也许能增强组织控制。

我们来看看社会变化这一话题。在日常生活中，改变有多种方式（如渐渐地或彻底地），包含很多目的（鼓励最优秀的人才或重新分配财富）。例如，在哈佛商学院，大家对改变概念的理解也许变得更狭隙。在学院这个小镇似的环境中，人们分成不同的层级，形成一个无缝的公共共存关系（见第一章）。避免冲突是这里的规范，改变通常被认为是缓慢且都经各方同意的动向。在这种环境下，沉默的结果很可能会响应大家一致认同的风气。例如，劳资纠纷和罢工在学院就不常见。此外，在学院课程中很难找到与处理工会行动相关的教学案例。因此，在捍卫大家共同决策风气的这种相对沉默中找到的方法，也许更容易传递给学院其他成员；其他有关改变的观念（如赞同采取激进行动的想法）更可能面临学院内部的阻碍。

除内部"喧嚣"或表达沉默的标志之外，外部喧嚣也使沉默有了意义。一个组织如果不是与世隔绝，外部力量通常都会影响内部的运行。在学院，坚持相关性尤其能让学院不过于与世隔绝，也在组织沉默中表达了外界的声音。如果没有相关性，学院建立"更佳商业标准"这项首要工程可能就紧紧局限在校园之内。通过坚持相关性，学院的目标就不仅仅是保证在校园中成功，而是在外界更广阔的社会中找到回应。为实现这一目标，个人的决定就要至少与外界一些读者产生共鸣。尤其是大批校友的参与对内部的成功起十分重要的作用。因此，推行无声沉默的组织模式允许修改道德，但是这种修改受内外部动向的严格制约。

即便如此，沉默能导致道德的逐渐改变。松散的无声沉默能兼容多种改变解释。要在学院环境中解释这一点，可以想想可能在演进中的工作风气。在历史上，道德被视为使工作本身充满意义的态度。早先在学院流行的对商务的定义是，"用得体的方式将货品卖出并获取利润的一种活动"。这表明工作中存在道德行为的可能性。这种定义可以追溯到马克斯·韦伯对道德的理解，他认为它是对个人工作的某种特别态度。

然而最近，道德有时被描述成是伴随工作而存在，而非体现工作的意义。哈佛商学院《校友简报》上登载的一则校友的故事，能体现这种潜在的变化。该文章解释说："这位校友是土耳其最富有的人，他享用财富的方式就是将其中大部分赠与他人……除了资助公立学校外，他还计划在15年内投资10亿美元建立一所私立大学。"对他所取得的成就，这篇文章表达了自豪感，同时也引入了风气上的微妙变化：以合理手段通过买卖赚取利润的目标，已经被赚取利润然后帮助他人所代替。换句话说，"体面"目标已被置于工作之外，成为后续动作。成为正直的人突然与做体面的工作没了关系。虽然这位校友可能做的是体面的工作，也在做慈善，但是重点放在了后者。在组织真空中反复发生这种改变，能为更广泛的变化定下基调。内部变化可能会受到限制，但是在很长时间内，随着小的、明显的变化的逐渐积累，也会发生更大的变化。因为沉默具有灵活性，道德会在没有重大组织变化的情况下发生演化。

以上评论可以直接用于回答本研究最后一个问题：在沉默的环境中，道德如何持久存在？要回答这个问题，我们要考虑给道德下定义所设的假设条件。如果道德被视为需要内化并（重新）发现以证明其持久性的共识，那么沉默或许是让道德持续的唯一途径。无声沉默允许个人重新创造道德，也允许自我去发现道德的可靠性。因为向沉默中填充内容可以算是个人与自己主观性对抗的胜利或是个人与集体对抗的胜利，内容可以看成是由自己建构的。在无声沉默中，个人道德指向或自我导向与其他行为动机之间的对立，为道德的持续奠定了基础。对于那些被认为是因为个人努力而建立起来的道德观念，个人很可能会更坚决遵从。某一群或某一代新人中的每个人（重新）发现道德，是道德延续的基础。从这个意义上说，如果没有内部和个人摩擦，就不能强有力地维持道德目标；而无声沉默一般允许这种摩擦的存在。

如果有人赞同以上对道德的定义，那在相对组织沉默中什么会持续存在？我会说许多共识将会延续，因为道德不仅仅来源于惯例本身，还来自于惯例与组织物质结构的结合，这其中包括组织人员构成。只要老成员占组织大部分，那么（旧）道德很可能延续。尽管存在无声沉默，大部分道德还是通过其他方式在组织内部传递。强势文化与强势道德紧密相关。我们不能轻视文化形态的多样性。显然，沉默的组织倾向于释放许多文化信号。虽然有些信号一旦被组织视角过滤后，似乎就消失（或失声）了，但是他们还会被成员重新组织起来。因此，在富有强势文化的组织中，沉默鲜少对道德持续构成威胁。

相比之下，如果道德被认为是需要强制执行的外部标准，而不是要内化和（重新）发现的共识，那么沉默也许会威胁道德的长久存在。与沉默相比，组织手段更可能让这种道德延续。例如，在这种环境中，规章制度成为道德复制和存续的首要保障。法国社会改革家珍-巴普蒂斯特·安德烈·戈丁（Jean-Baptiste Andre Godin）更相信道德是外部的标准，依赖于一种规范机制。例如，他工厂旁寓所中的工人，如果不用公共设施来洗衣服，就会被解雇。在此，对这件事保持沉默肯定会导致道德丧失。

保持道德存续的策略，从本质上与大家对道德教化工程性质的理解有关。道德秩序（暗指服从）与道德追求（暗指重新发现）之间小小的语义差异看起来似乎没什么大影响，但是它却从很大程度上解释了能否将无声沉默作为道德教化工程的一种途径。道德秩序一般需要发声维持，而道德追求通常依靠无声沉默。道德秩序青睐命令与控制的结构，而道德追求则更多建立在已有的内部管理结构的暗示和所留的余地上。因此，不同道德教化工程（秩序与追求）的存续需要不同的组织探索的发展。

无声沉默模式的特性

虽然我的研究与某一组织的道德导向，在某一程度上有非直接的关系，我并不是暗示被谈论的组织急需（道德）修复。学院的目标也许使某些观察者，尤其是那些不相信企业动机的观察者感到不快，但是它仍然与某一道德命令有关。要实施这一命令，学院鼓励成员在明显的组织真空中正视自己的价值观。这样就为扩大道德追求提供了机会。不可否认，这种组织模式存在缺点。在前面几章，我描述了自己作为学院教师在某些情况下感到的疑惑，这便暗示了这些缺点。但是我相信，许多疑惑都能归结为无声沉默模式的四个特性，其中每个特性都不是学院特有的。

第一，推行无声沉默是逐步达到更高道德目标的途径。这个模式仅仅为潜在的道德觉醒设定了参数，为达到期望的结果提供了一些指导（即组织标志），但是没有试图修改或严格实施某些道德观念。在学院，从教师对学生社会化的认知上就能很清楚地看到这一点。（虽然我的研究主要关注教师，但他们对学生社会化的讨论反映了他们自己社会化的过程。）尽管学院有宏伟的目标，但是教师对它们的影响程度持审慎态度。在基于20世纪80年代末一系列教师访谈的分析报告中，研究人员说："许多教师相信学院的目标是'改变学生的行为'。这种观点引发了这样的讨论，商学院的研究生已经是成年人。学院不能期望，也不应该试图改变他们的价值观。"报告接着说："大部分教师似乎更接受这种观点，即鼓励学生意识到自己做商务决定时所传达的道德启示，让他们认识到这些含义的重要性，在做这些决定时采用特殊的推理模式，而不赞成告诉学生哪些是'好的'或'对的'决定。"高举（道德的）镜子，或许是对学院社会化模式部分特征的更好描述方式。更广泛的说，这是对依靠无声沉默推进道德追求的其他组织的社会化特征的更好描述方法。

尽管学院有时被讽刺是社会工程的一项实验，但是大部分教师和管理人员都清楚实验的局限性。约九十年前学院的一场有关是否引入劳资关系的辩论，尤其是学院教学中传递的特殊的劳动者的观点，能阐释这种认识。1921年，国际机械师协会联盟的某位领导在学院做了演讲，几位制造商对此表示不满。在回答学院巡视委员会某位成员的问询时，院长华莱士·多纳姆解释说："我一点也不害怕这些人（学生）会因为我们给予的这种指导而放弃自己的立场……我们不是以权威的方式制定商业法则，规定商业必须要依照某种方法运行；我们没有试图给这些人套上导引绳，控制他们的想法；我们没有想方设法阻止他们进行思考，没有不让他们对自己想什么形成基本的概念。"他总结说："相反，我们试图提供他们进行理智思维和独立思维的基础。"

换句话说，虽然管理人员和大部分教师似乎对这一追求抱有很高的期望，但他们还是很快认识到这种组织努力所受的限制。资深教师琳达·希尔（Linda Hill）敏锐地抓住了这种矛盾。"如果我们希望管理者们行使道德能动性和勇气，"她在2006年写道："那么作为他们的教育者，我们的首要任务是牢记那些学管理的学生的真实身份，然后向他们展示管理者将会有什么样的生活状态。要做到这点，我们第二个责任就是，给他们提供活出自己价值所需的工具，同时，唤起他们的抱负，将商业打造成社会正能量。"因此，改变学生价值观这种不现实的目标，就被唤起学生抱负这种能逐步实现的目标所代替。唤起抱负的概念回应了多纳姆在1929年说的学院不能从零开始建立道德品行这样的警示。他说："虽然不能在学生中建立道德品行，但是可以向他们展示商业中普遍存在的道德困境。"尽管在短短两年内改变成年学生的能力有限，但是唤起学生抱负，以维持而非建立道德品行，这样的希望更可行。

其他利用无声沉默的组织对实现自己的目标，也一定要有耐心。要实现重获集体抱负或重新定义组织总目标这样的道德追求，需要耐心。不过，不是所有组织道德教化工程都是道德追求。有些如直接处理金融违规行为的工程，就需要高层采取更直接迅速的干预措施。这些工程要求实施道德秩序。（沉默解决不了倒填日期或虚假设定银行间同业拆借利率等问题。）沉默不是解决所有道德问题的良方。

第二，无声沉默模式高度依赖组织成员的构成来制定道德规范。尽管许多组织惯例能引导思想和行动，但从根本上，大部分成员需要在组织真空中支持和制定道德规范。如果大部分成员不在，那制定道德规范就有困难。为说明这一点，我在此再将焦点从教师员工转移到学生身上。我们来看看学生对"工商管理硕士誓言"这一概念的接受情况。

2008年金融危机发生后不久,需要一个明确表达学院道德追求的誓言的想法浮出水面。事实上,这个想法首先由两名教师提出。这表明教师一直对商务教育方向有兴趣,甚至对此一直十分担忧。不过学生对这个想法的接受情况不一,这也凸显了学院在实现目标过程中,对其成员的依赖度。有学生自发的提出这样的誓言(在其他条款中):"我会尽力诚信行事,按道德规范努力工作。"这遭到其他同学的反对。这一达成目标的手段首先就有争议性。某位批评这一誓言的学生说:"如果你真的关心那些需要电或没有工作的人,那就积极追求你的目标,因为利润是促进繁荣的真实动力。"除了对方法有争议之外,有些学生对签署誓言是达成既定目标恰当机制这一想法表示质疑。在对学院362名学生做的非随机调查中显示,他们对是否支持工商管理硕士誓言意见不一(52.8%赞成,47.2%反对)。学生或许已经阻止了学院将不明确的集体目标写成文字,这样也间接捍卫了无声沉默模式。无论最终的结果如何,这个事情强调在沉默组织中,要制定道德,需要获得大部分成员的支持。

全体学生和校友组成的变化,通常被视为促进或阻碍达成更高道德追求的因素。在学院里,教师似乎占着有影响力的地位,但是他们的自由裁量权也受学院其他成员的限制。例如,两位资深教师最近就说,管理者的身份已经发生了根本的变化,这种变化也许能解释商业领域的道德变化趋势。

除学生和校友外,也要考虑学院其他组织成员。相对沉默的组织依靠所有成员自己的判断来制定道德规范。在学院,教师的身份尤其应该会随时间的变化而改变。相对沉默的组织,特别像学院这样拥有长久名望的组织，在传统与创新之间保持了良好的平衡。如果创新太少，组织会失去其对成员的相对吸引力；如果改变太多，组织也许会失去成员的支持。在这样的情况下，沉默的道德教化工程不能将组织过去与现在的成员分离。就像那些旨在整合已有秩序，而不旨在推翻它们的教授一样，大部分相对沉默的组织都是依靠成员的主动行为来运转。也就是说，它们依靠成员持续的赞同来行事。而大部分成员的赞同足以保证组织运转，下面就来解释这一点。

第三，在推崇沉默而非直接管控的组织中，大部分成员也许会感到更多的冲突。这里，依赖直接管控的组织指的是，那些大部分依靠脚本，且这些脚本几乎不允许其成员做决定的组织。在这种组织中，成员只有两种选择，要么遵循脚本行事，要么就反对它们。在保险公司和快餐行业里，有很多这样的组织。反对一词与其说是一种对立的心理状态，倒不如说是清楚地表达了冲突对立。在推崇沉默的组织中，"自我发现"过程很容易就能准确指出个人主观性和普遍的组织风气之间的差距（通过内外的喧嚣表达出来）。对于组织中的少部分人，这种差距的大小，可能让人不敢反对那些冲突。在推崇沉默的组织中，少部分成员很可能承担了过重的调整负担。与那些更遵从组织风气的成员相比，他们会经历更多的摩擦。这种摩擦反过来也许会产生更对立的心理状态，甚至变成隐性的冲突。同时，冲突或许是促使组织逐渐变化最重要的方法。

有些研究数据表明，摩擦也许在我研究的环境中发挥着作用。2008年在哈佛大学内做的一项调查中，记录了商学院男女教师在满意度上有明显不同。在九个被调查的哈佛的学院中，商学院平均满意度位列第二，不过主要因为学院男教师的平均满意度为4.53（总分是5分），将总的平均分拉高了。研究报告女教师的平均满意度很低，只有3.83。（比商学院女教师的平均满意度低的还有其他三个学院，但是只有两个学院男女教师平均满意度明显不同，商学院就是其中一个。）对这样的差距也许有很多种解释。我的假设是，学院普遍存在的无声沉默模型凸显了成员间不同的经历感受。在相对沉默的环境中，容易产生各种不同的感受。因为这样的感受很显然也是无声的，它们或许需要长时间积累，体现更广泛的组织动态。每位成员都很容易就相信，在触及集体意识阈值前，他/她都会有独特的经历。

这一假设意味着，与其他组织相比，相对沉默的组织如果要留住非传统成员，就需要做更多工作以努力放宽聘用他们的限制。也许有关新道德追求最重要的事实是，它们经常根植于旧的信仰中。这项工程（指对商业进行道德教化）也许在设计上有所创新（分班进行案例教学），它的现实环境（寄宿校园）或许是新的，但是它的基础牢牢地埋在过去的土壤中（保持标准）。正如赫伯特·J.甘斯在对郊区做研究时所注意的那样，新建镇子从根本上就是新土地上的旧社区。同样，道德追求经常表现的是穿着新衣的旧期望。这样的桥段意味着新进人员要付出代价，他们最好不要急于将自己新的希望并入组织追求中。这在最后一点也会有所体现。

第四，依赖沉默推行更高道德标准的组织看起来总是没有成熟。这种组织模式承认沉默的作用，也就意味着允许发挥更多的想象，获得更多成果。学院和其他任务驱动组织生来就是在进行中的工程。组织需要持之以恒的努力，直到它运行的整个领域都发生了改变。改变自己存在的领域是个永恒的希望，因此这种目标使组织努力看起来没那么成功。1997年，汤姆·伯恩斯（Tom Burns）对英国广播公司成立五十年来的情况做了研究后，总结说："我认为，英国广播公司直到现在也还没完全成熟，没有定型。"我想这种不成熟性是所有任务驱动组织的固有属性，而且在那些采用沉默模式的组织中更加明显。沉默会一直提醒哪些规范还未被确定下来。它允许希望和抱负几乎不受限的生长。这种不成熟既是相对沉默组织令人乐观的一面，也是它的缺点。

从根本上说，依赖沉默的组织推进更高道德目标就是为了填补空白的组织追求。在学院百年庆典上，哈佛大学校长德鲁·G.浮士德（Drew G. Faust）的演讲指明了这一点。那天，学院教师、学生、校友等上千人，聚集在学院图书馆前草坪上搭的白色帐篷中。如此庞大的规模显示了这一庆典的盛大。轮到浮士德校长演讲时，她说了三个石匠被问为什么要工作的故事。第一个回答，他切石块是为了维持生计。第二个回答，他精心打磨每一块石头，是为了成为全国最好的石匠。第三个回答，他切石头是为了建造大教堂。校长接着说："领导需要目标。"她解释说，第三类石匠是"我们要培养的。"她的演讲赢得了大家的掌声，但也制造了某种不安。帐篷里的气氛突然变得有点凝重。她的演讲触及了沉默组织的主要局限，即它们的追求永远不成熟。它还捕捉了这些组织的主要期望，即能不断重新想象它们的目标。

将相对的不成熟性脚本化似乎不是令人满意的解决复杂问题的方法。尽管如此，这种方法能调节道德标准与个人主观性之间的当前的紧张状态。杜尔凯姆在书中说，个人对达成道德判断不起什么特殊作用。以下陈述明显说明个人拥有的能动性有限："我们能说社会最高的自我意识仅仅只能通过个人的思想才能达成吗？"杜尔凯姆的回答自然是否定的。在他看来，最高意识是通过集体达成的，几乎与个人无关。因此，道德标准高于任何个人。

相比之下，在崇尚个人高于集体的当代西方社会，个人有时被看成是得体举止的保证人。乔治·霍曼斯（George Homans）在20世纪50年代就声称："在小群体层面上，社会能一直凝聚在一起。"但是，如今这样的说法就有问题了。在崇尚个人主观性和责任的时代，遵从集体规范没什么吸引力。任何共同规范的正面特质很快都会被改成同一性的负面特征（甚至是不公正的负担）。很多以前被看成是保证正常集体生活的规范，在现代社会都成了限制性因素。

在无声沉默中，个人（重新）发现某个共识，也许是重新统一这些矛盾的道德观点的一个方法。正如乔治斯·戴维（Georges Davy）在为杜尔凯姆的书作的序中所写的那样，集体思维可被视为个人战胜自己主观性的成果。重新发现集体共识可被设定为个人内心的追求，一种与当代崇尚个人主义西方社会的期待更一致的追求。最终的希望是，个人能重新发现自己在集体中的身份，并在这一过程中努力成为讲道德的人。换句话说，通过无声沉默将道德惯例化，是在用概率下赌注，赌有足够多的个人会选择正确的道路。

研究意义

本书研究结果旨在详述一个相当普遍的无声沉默模式，此外该研究结果对特定情境也具有相关启示。虽然本研究的理论问题主要以探讨"是否能将惯例与道德结合在一起"为中心,但是该研究结果可能对其他问题感兴趣的读者也有启示。在此,我将特别指出本书研究对高等教育运转和企业道德观念形成的一些意义。

虽然本书主要论述哈佛商学院教师的社会化,但是该研究结果展现出对教育追求的探索。高等教育庞大且僵化的特性正面临越来越多的挑战。当然,并不是所有的商学院都像本书刻画得这般。类似的,法学院和医学院都在各自领域展现出了显著的多样性。直到近年,研究人员才开始研究高等教育事业的各种组织基础。本研究通过阐明组织情境的重要性,进而为这一研究潮流添砖加瓦。尽管承受着强大的外部制度压力,高等教育环境依旧展现出了广泛的文化多样性。然而,要记录所有高等教育领域中呈现的各种模式,还需要做更多的工作。要评估某一院校对社会的作用,我们需要深入了解它"思维"的具体方式。研究它的组织DNA则是其中一条探索途径。

基于哈佛商学院教育事业的范畴和其促进更佳商业标准这一理想,学院管理者在早期就遇到了道德惯例化这一难题。他们在组织设计上就需要做出选择。这些选择以及其后续的相关调整构建起某种社会化模式的基础。几十年以来,学院不断微调出一种我称其为"无声沉默"的模式,旨在起到对学院教师,可能还包括学生,更理想的是对商业行为进行道德教化的作用。这里描述的道德惯例化方法是否有效——也就是说,教师社会化是否达到了目标进而鼓励学生培养"更高尚"的道德——不在本研究范围之内。不过,本研究的确记录了组织为实施道德教化工程所做的努力。

高等教育机构有很多类别,但是本书所描述的这类恰好位于主要类别的核心位置上。正如社会学家米切尔·史蒂文斯(Mitchell Stevens)在与他人合著的一本书中说:"大学既是联系现代社会主要机构的'枢纽',又同时在其中保持'客观的独立性以及间接的重要性'。"关于商学院如何为我们所处的这个世界、教育、培训以及社会化未来管理精英,这方面的研究甚少。尤其是哈佛商学院在这方面的做法,大家的理解也并不全面。因为哈佛商学院培养了大量在各类机构担任重要职位的领袖(并不局限于商业界),所以去了解学生如何在这样的环境中接受教育以及这里产生了什么样的文化十分重要。通过揭示学院部分内部运转情况,本研究旨在更清楚地呈现学院在教师社会化及间接对学生进行社会化方面所做的努力。该研究至少为更深入研究类似或其他教育模式提供分析借鉴或对照。

本书研究结果也为大家了解企业道德的形成开了一扇窗。企业一般由少数学校(本书研究的研究对象包含其中)培养的小部分人领导。尽管企业形式在现代经济中具有支配地位,但是对于一个支持其发展、内容、目标所相关的视角是如何促成的,人们知之甚少。查尔斯·佩罗声称:"组织,尤其是企业,在越来越多地'创造我们的文化'。"如果这是真的,那似乎只有重视培养组织领导才是对的。很长时间以来,企业道德在学术界与产业界都引发了强烈的兴趣,但是21世纪初反复发生的金融危机让明确说明企业道德涉及的内容——包括其依据及变式——变得十分急迫。企业领导人以及他们的道德观念是如何"形成"的,需要更深入的研究。本研究将商学院,或至少一部分道德含义的组织,视为机构,那么对于企业道德形成的研究就成了这些机构内部运行研究的一部分。

现在大家对企业道德有了多少了解？学者们反复尝试去明确详述其内容。梅尔维尔·道尔顿（Melville Dalton）在其1959年出版的具有深远影响的一书《管理的人》（Men Who Manage）中，提出了一个有关管理精英的精妙观点，进而许多当代学者据此研究取得了长足的进步。尤其是社会学家罗伯特·杰克考尔（Robert Jackall）的研究清楚地指出管理者会采用一些共同的方式思考他们的世界。例如，杰克考尔（Jackall）巧妙地指出："管理者们对于对错的判断，一般依照上级的意见，且经常根据他们自己晋升进度的安排来行事（例如，只专注于那些在下次晋升考核之前能获得成果的项目）。"后续的研究揭示了其他企业规范，比如在常规工作时间之外，高层管理者各具特点的工作方式以及他们对非对抗式冲突管理的偏好等。有些高层管理者对于协商危机和不确定性是职业的自然状况这一理念或许能证明为一条普遍存在的企业理念。一项半个世纪前有关美国商业教育的经典（对现今仍有启示）研究曾提到："没人能够证明有一套适用于商业的清楚且明确的行为规范……但是员工在遵循着一些规范行事却是真实存在的。"这些规范就是社会学家卡尔文·莫里尔（Calvin Morrill）所指的高层管理者中的"游戏规则"，是理解诸如责任和职业变化等公司内部问题的关键。如今，埃米尔·杜尔凯姆（Emile Durkheim）在19世纪90年代末提出的关于从事工商业的个人不遵守任何道德规范的论断难以成立。

本书通过重点讲述企业道德可能依据的基础，加深读者对它的理解。例如，通过强调在学院课堂上，个人表现可能是解释其成败的一个关键，这从一定程度上归化了早已存在的个人间的社会差异。在这个解释过程中，包括个人成长在内的诸多社会环境的重要性被降低了。个体被描述成自己命运的掌控者。此外，战争类术语遍布关于商业决定的描述的教学手册中，这些术语与被驯化且分层的"小镇式"校园环境并存。躁动不安的私人疆域与和谐的集体环境并存，恰好反映了或预示着企业的规范——比如大体上都偏好隐性冲突。当然，这些假设需要更深入的研究。

然而，"制造道德"清楚地反映出明确企业道德的难处。难处可能在于显而易见的"不明确"恰是企业道德的主要特征之一。克制于不明确支持任何一套道德规范，可能是本研究对企业道德的主要启示。最近，哈佛商学院资深教师学院一年级学生的必修伦理课被描述成不会支持任何特定道德观点的一门课。这似乎支持了之前的说法。他们指出："学生必须觉得教室是安全受保护的环境，他们在此能公开地探讨并质疑其他人根深蒂固的信念且无需附和某些规范的哲学思想或观点。"因此，明确企业道德的难处也许不在于缺乏道德，而在于企业道德中人为制定的内容的范围，也即是一种在被大众认为可接受的广大范围内允许多种观念存在的追求。

这种在一定范围内涵盖多种观念的愿望，一直明显地贯穿于哈佛商学院的历史中。例如，学院的教授查尔斯·桂格（Charles Gragg）在1940年编写的《因为智慧无法言说》（*Because Wisdom Can't Be Told*）教科书中解释道："职业教育的首要目标就是，提高学生在承担责任的情况下用成熟的方式行事的能力。"成熟的方式应包含哪些内容，他故意没明确说明。桂格还提到："每位学生都可以自由地提出并坚持自己观点。"哈佛商学院有关经理法律职责（如诚信义务）课程材料的最新一版介绍特别证实了这一观点的应用。而在道德决策方面，学院一些教授伦理课程的教师似乎同意桂格的观点：他们提出管理者们的行为需要"一致性地遵循相关道德标准的指引"或符合"相关"的道德"要求"，但是他们对于明确那些标准或要求是什么，也避而不谈。换言之，从本质上来说，道德思维被视为一种能（在有限的范围内）包容各种道德观念的过程。这种明显的自由起源于多种规范性提示同时共存的环境对于不明确指定道德标准的允许。要将所有企业管理者都统一聚集在一个帐篷下，那它要足够大，而且支撑杆也要十分牢固才行。由此，前文杜尔凯姆的话可以这样解释并加以描述：那些工商界人士并不是不遵守任何道德规范，而是要遵循多种道德观念。那么这样看来，在企业界，对任何独特的道德观点保持相对沉默或许是一种道德的表现方式。

后　记

2009年11月末的一天，当我还在办公室的时候手机突然响了。那年秋天，我是申请晋升非终身副教授的候选人之一。"请稍等，院长想要和您谈谈。"电话那端告知我。在那段时间获得晋升的同事告诉过我，无论晋升结果如何，院长都会给每位候选人单独打电话来告诉他们学院的决定。在结果公布之前等待那个不确定结果的时刻绝对是学院每位教师一生中最漫长的时刻。院长很快就告诉我，我获得晋升了。那天晚上一回到家，我就发现前门口有一瓶香槟，上面还附有院长写的祝贺我的便条。

很快我发现，资深教师对我在学院做的这项研究议论纷纷，而且还感到有些不安。我在申请晋升材料的文件中里放了一份该研究的介绍。虽然院长办公室愿意配合我，让我能联系到相关教职工以及获取相关档案材料，但是我知道研究情景已经改变了。在我的晋升考核中，有将近80位资深同事讨论了这个项目的概况，它以我未预料过的方式影响了我的研究。学院中的一些人强烈要求我改变研究方向，去研究其他项目。为了驱逐这些压力，我把这瓶香槟收进橱柜深处，但这似乎只是一种徒劳的反抗。接下来几天，我一直没去办公室，直到早先约定好的会面让我不得不去。包括学院内的一些好友的劝慰并没有让我真的如释重负。我开始觉得暂停这项研究一段时间是唯一的出路。有些同事甚至建议说，这项研究设计太具有妥协性了，我应该完全放弃这项研究。

几周之后，我又翻看起观察日记的前几条记录。它们抓住了一种与周围环境格格不入的感觉，学院许多新进教师似乎也有这样的感觉。我的观察笔记和日记记录了教师学习如何在新的视角下工作的过程。这个经历就像布罗尼斯拉夫·马林诺夫斯基（Bronislaw Malinowski）开始超布连群岛（Trobriand Islands）之旅时，突然感觉"十分孤独"的体验一样。回顾这个研究过程，我觉得这项研究是我应对学院视我为异类，或是我在应对组织相对沉默所产生的摩擦的一种方法。平息自己不安的想法，从某种程度上是促使我进行这项研究的动力。我对这项人类学研究的希望正是能恰当地抓住并分析这种不安的感觉。相对沉默组织能很好地将成员各种不同的体验吸收容纳进其组织真空中。但是正如前文所述，不同人因为背景不同、立场不同，对无声沉默的体验也会有明显的差别。通过阐释社会化动态，本研究希望让成员，尤其是组织中少数成员，觉得不是只有自己才会感到这种明显的沉默。翻阅了观察日记后，我更确信自己应该继续这项研究。写本书也是在尝试陪伴其他组织新进人员融入到依附于相对沉默的组织中。

附录　数据与方法

　　检查一本书的写作过程就像在进行自我审视。撰写草稿和修改文稿、发现小的突破和错失转变的机会、惊喜和错误，所有一切集合形成一本书。为什么要不遗余力地展示这个过程？我认为这样能揭示与本研究相关的许多内容和成果。例如，我们来看看《仆人小说》（*Servant Novels*）——19世纪女佣们写的小说。这些小说的写作背景大部分已被遗忘。但是它们如何写成，如何在街上售卖，如何到其他仆人手中等，都有助于解释这些书的格调和内容。如果仅仅把目光放在这些女佣所写小说的成书上，而不考虑它们的成书过程，会遗漏很多与这类小说相关的信息。同理，本研究有关组织社会化方面的成果不仅限于读者手中拿的这本书。它应包含本书以及其写作的过程。一项研究的内容取决于研究如何开展的，研究如何开展反过来也受其内容影响。

　　这项有关哈佛大学商学院教师社会化的研究是如何产生的？它又包含哪些内容呢？本附录讨论该研究的背景及数据来源。归纳式的定性研究设计有时会探得详细的事后意识性合理化，但这多少也有些偶然性决定。如果我要为自己的研究找到合理依据,我会说我一直对那些声称要改变其成员的组织感兴趣,对它们也有一点点的恐惧。在美国高等教育体制中,"改造、重塑"的理念特别强大。拥有一定的能力与毅力,再加上足够的资金支持,不同年龄层的学生纷纷开始自己的学术之旅,以此努力变成自己想要成为的人。尤其在像商学院、法学院和医学院这样的专业学院中,对改造的叙述往往是含蓄的。个人改造的直接理念就是认为学术环境塑造成员的发展轨迹。大部分机构对于从塑造发展轨迹跃至塑造个人都十分谨慎,会尽量阻止其发生。这种塑造是如何发生的让我感到困惑——这是我加入并研究哈佛商学院的根本原因。

当然,前文尚未阐述本研究的构思过程。原有的兴趣、好奇心和机缘巧合交织在一起,促成这项研究。正如卡伊·埃里克森(Kai Erikson)所说:"学者们生活在各种各样的职业中,有时会成为病人,有时会成为钢铁工人或出租车司机。他们经常发现尽管自己身处某个社会环境中的责任不在于研究,但是他们训练有素的眼睛也在搜集数据。"我自己就印证了卡伊·埃里克森的话。跟《穿白大褂的男孩们》(Like Boys in White)这项由霍华德·S.贝克尔(Howard S. Becker)及其同事在20世纪50年代对一所医学院做的研究一样,我的研究从某种意义上像贝克尔的研究一样"没有设计"——也就是我"没有一套精心设计的假设要验证,没有专门为保证信息与这些假设相关而设计的数据搜集工具,没有预先设定的一套分析程序"。但是,如果从广义上来理解"设计"这个术语,尝试理解其为贝克尔所说的"那些秩序元素",那么设计的确在浮现。原本记录我在哈佛商学院经历的日记慢慢成为一项结构更优化、内容更丰富的工作。

173

起初，我记日记只是为了记录一些个人的记忆。它的功能具体在什么时候发生了改变很难明确地追溯出，但是有两件事促使我决定拓展这项研究的范围。首先，2007年的一天，迈克尔·陶西格（Michael Taussig）的一句话吸引了我的注意："人类学对于该学科实践十分依赖于转述其他人故事的艺术表现出视而不见。"虽然我不至于认为自己过去的研究（有关"其他人"的研究）彻底失败，但是他的话引起了我强烈的共鸣：为什么不试着说自己的故事？在我的博士论文定稿时，哈里森·怀特（Harrison White）曾给了很大的帮助。也就在2007年，他问我打算做什么研究时，我讲了些与学院教师社会化研究相关的不成形的想法。怀特曾是哈佛大学社会学教授，他对这个研究背景十分熟悉。他问我要用哪些数据。我提到了自己的日志。他用自己独特的方式说，如果不努力按这样的想法做这个研究，那就是"犯罪"。他的话说服了我，让我开始这项研究。

观察笔记

从为获得学院教职接受面试的那天，到正式结束观察笔记记录，这个过程历时整整四年（2005年1月到2009年1月）。在这段时间内，无论何时听到什么事情，只要时间允许，我都在日志中做记录，最后整理出了约400页单倍行距的记录。对于倾向于使用人种志方法的研究者来说，在实地调研或在调研实地与研究对象一起生活有一定的时间（通常超过一年），对搜集有效的数据是最重要的。在较长一段时间内或在重复的时间段中，亲眼观察某地发生的现象，是所得出合理见解最容易被接受的方式。这里存在的假设是，受过专业训练的人种志学者会逐渐通过分析自己的观察笔记达到理解研究对象的思想和行为的程度。

我的记录纷繁多样。有对日常活动的客观描述："中午，我去Baker食堂与X吃饭。从餐台上选了辣汁罗非鱼和烤芦笋。我们和Y坐一桌，他正要赶飞机去纽约见校友。"也记录了自己在校内或校外的更主观的一些感受："明天是本学期的第一个教学日。虽然已经很晚了，我还是很难入睡。教案中有个过渡衔接不是很好。我要在上课之前修改好它。"这些记录构成了本书的数据基础。这些记录通常要么是我在一天结束时，要么是在大清早我在家里写下来的。在白天，我有时会随手抓一张纸草草记下几句话，提醒自己当时发生了什么，或者我有怎样的感受。随后，我会逐字将这些句子誊抄到日志中，不会有意识地进行自我审查。

好几次，我试着把这项任务带到办公室来做，因为感觉这样做应该能提高效率，我可以观察周边发生的事，然后立即记录下来。但实践证明这种方法并不奏效。在学院记录这里发生的事情很困难。例如，在记了两年日志后，我（再一次）决定在办公室做记录，但是观察笔记的记录频率和质量都明显下降。我就是不能在办公室做这件事。在此有一段节选自我日志中的关于此尝试的记录："2007年9月24日，我注视着打开的word文档，意识到自己已经有一周没做任何记录了。我原本以为自己在某种程度上'很强悍'，能将自己的事务规划得很好，写作也可以进展得很顺利。"但是日志记录并没有进行得很顺利。于是我决定回家做记录，这个习惯一直坚持到本研究结束。

我的记录活动在开始时并没有明确的目标。经过几年后，记录活动的焦点才慢慢地聚焦在我认为的自己所处生活社群中最具持久性的因素上。渐渐地，我想通过观察并反复分析这些笔记所回答的主要问题与城市社会学家所提出的问题愈发相似：学院的主要社会群体有哪些？如何描述学院人口相对持久和稳定的特征？学院认为什么是理所应当的？哪些事业获得最多的关注？我首先试图从自己的立场来回答这些问题。当我自己不能找到清晰的答案时，我就去找那些或许能帮我回答这些问题的数据（包括二手数据），并有计划地到处搜集到它们。有些二手数据我能够获得（比如学生的拍卖数据），有些则在数据获取上受到限制（比如学生给教师进行的教学评估分数）。如果可以的话，我会选择像年报、公开网页这样的公共资料来丰富我的笔记内容。在研究开始的头两年，我在日志记录方面产量颇丰。以至于在第二年快结束时，只有十分特殊时刻的事情才能进入到我的日志记录当中。现在回顾起来，我希望当时能坚持事无巨细地将自己所有的经历都记录下来。不过，通过确信自己的学习曲线已经进入了"平缓区"，我为自己笔记记录减少找到了合理的解释。换句话说，当我对学院的感知认识达到相对饱和的程度时，我的笔记记录也就自然而然地结束了。

明确该研究要排除哪些数据，跟说清楚要包含哪些数据一样重要。哈佛大学人类受试者委员会认定保密的所有数据都被排除在研究之外了。尤其是在学院全体教师会议以及系部教师会议上讨论的内容，和那些关于具体聘用、晋升、解聘决定的讨论内容，也排除在研究之外了。同样地，任何与同事和其他隶属于学院员工的交流内容，如果清楚地表现出在谈论主人公或是具体有争议的事件也被排除在研究之外了。（虽说这会非常不切实际地去声称排除在外的数据全然没有在认知层面上渗透进本书的写作中，但我能确定书中没有任何禁止发布的数据。）所有信息提供者的身份都被化名以确保数据来源的匿名性。此外，因为对于熟悉信息提供者的人来说，用假名也不能确保信息提供者的身份不被认出来，为此个人身份标志也被特意地进行了修改。就像盖伊·塔奇曼（Gaye Tuchman）在他对美国某所大学公司化做的人种志研究中一样，我在撰写研究发现过程中的自始至终不变的目标就是不伤害任何人。

支撑本研究的方法选择涉及了几方面的假设，其中有些也有局限性。或许最重要的是，日常生活受到了重视。正如约翰·凡·马南（John Van Maanen）和黛博拉·科尔布（Deborah Kolb）记录的那样："就像海水不停地拍打海岸，形成了海岸线一样，人种志学者假设组织中的日常生活对成员行为和组织自身特性形成的影响远超过组织的规范化内容，那些所谓的外部环境或戏剧化的……高层决策。"这个导向意味着，我或许太不重视像学院2008年举办的百年庆典、2010年新院长任命等这类特别的事件。我的研究也没有花太多时间在学院面对的高等教育及学术劳动力市场发展总体趋势等这类问题上。与对其他机构的研究相比，在对某一学术机构研究的过程中，略去对其环境的讨论或许更有局限性。的确，从生态学视角来看，学术机构属于一类特殊的组织，它们一般"缺少特定的经济基础。"尽管许多大学已经熟练掌握了货币化知识，这种相关的生态特性或许暗示出不太需要关注环境，但是罗德里克·麦肯齐（Roderick McKenzie）通过指出"学术机构'比其他人类群落的基本类型（如小镇或公司）更受人类想象和法令变迁的影响'以纠正了这个错觉。"也就是说，学术机构的生存与发展从很大程度上依赖于其所处的环境。本研究调查了学院在塑造或回应其所处环境所做的尝试，但是并未特别具体阐述很多外界力量。前人有关美国商学院发展的研究能提供相关背景资料。

经验数据来源

与只用少量情境数据不同，本书叙述中特意使用了大量经验数据。研究者与其研究环境的个人互动是实地研究内在固有的，这对阐释研究结果也十分重要。生活在研究环境中必然会产生个人影响，这些影响既可能提高个人在研究上的努力，也可能会让它偏离这种方向。这解释了为什么在评估研究者的实地调查结果时，需要考虑研究者的个人经历。尤其是，在评估人种志工作时，研究者过去在另一文化环境中的经历（及身处这种环境的时间长短）经常被认为是至关重要的。能与过去经历相比较、对照的互动可以带来最佳的启示。过去的经历不仅仅可以通过远距离旅行获得，周边紧密的相关环境也能提供。例如，在任何环境中，感觉自己与主流人群不一样的体验，为实地研究提供了良好的训练。在研究环境中，适当地透露自己过去的经历，能让研究结果更有说服力并且这在人种志写作中也相当常见。

然而，将个人互动视为是研究不可分割的一部分、视为用作分析的相关数据点并不常见。正如罗伯特·A.乔治（Robert A. George）和迈克尔·O.琼斯（Michael O. Jones）指出："搜集到的信息，相较于生活经验，仍是以实地调查为基础的研究的重点。"只有在罕见的情况下,与数据搜集相关的经历才会被公开讨论,并被认为与研究相关。但是,佩吉·R.桑迪(Peggy R. Sanday)在研究中,采用了自己的反应来捕捉其他情况下可能注意不到的观察。用她的讲法来说,将研究者当成自己研究的"工具"或"装置"是合理的。从这个意义上说,生活经验也可作为分析的真实数据点。这个假设对如何搜集与分析数据有深刻的启示,尤其提出在分析观察对象环境时需要更加反身性(Reflexive)的(或内省的)方法。

直到近几十年,反身性研究方法才在人种志研究中得以应用。肯尼斯·E.里德(Kenneth E. Read)是首批公开利用反身性方法做实验,并揭露传统观察数据处理方法局限性的人类学家。他用这种研究方法深入研究宗族仪式。他用第一人称记录了自己在新几内亚的的生活,并将其整理成书《大峡谷》(The High Valley),并于1965年出版。正如里德后来所说,这本书不是传统的人种志,而是"对一类人与其他类人之间辩证关系的记录"。他还补充说道,他不能将曾跟自己生活过的人仅仅看成是"临床关注的对象"和"所需信息的宝库"。因此他选择第一人称(反身性)的叙述方法。对里德来说,这种方法论上的改变是一种切身需求。

此后,对观察经历的反身性叙述在社会科学研究领域得到越来越广泛的应用。作者在发表相关作品时不再需要采用笔名。1954年,还只是青年教师的人类学家劳拉·博安南(Laura Bohannan),第一次出版了以反身性叙述方法写成的作品,记叙了她对南尼日利亚蒂夫(Tiv)部落的实地调查研究。她将其称为"一部人类学小说"并署笔名。她因此在无意中引入了一种新的文体类型,这种类型之后获得了广泛的认可。里德是第一个公开接受这种文体类型的研究者，不过随后其他很多人也纷纷跟进。通过采用反身性叙述方法，珍妮·法夫雷－萨达（Jeanne Favret-Saada）、凯·考夫曼·谢勒梅（Kay Kaufman Shelemay）和罗伊克·华康德（Loïc Wacquant）分别研究了法国乡村社区的巫术、旅居埃塞俄比亚外国人的生活和芝加哥拳击手的行为规范。同样，卡洛琳·埃利斯（Carolyn Ellis）借助反身性文体类型，来研究有慢性病患者家庭的依赖性问题。从某种程度上要感谢反身性研究方法，以上所有研究都在大部分被忽视的问题领域取得了新的启示。

与其他人种志研究类型相比，反身性人种志研究方法要求更密切地关注分析数据的工具（研究者自身）。和那些把主要兴趣放在写作形式本身（自白故事）上的"自白式"人种志学者不同，反身性学者一般认为他们的观察经历对这种文体类型至关重要。因此反身性人种志（有时被归类为"实验性"研究）会超出自白故事的范围，因为它们一般"将观察经历描绘成建构描述和分析叙述的关键技术"。在此，重要的是生活体验如何帮助研究分析，几乎无关乎是何种写作形式。反身性文体类型也允许观察对象中出现独特的（或许之前闻所未闻的）见解。将反身性人种志描述成女权主义方法论形式——十分适合在男性主导的世界表达女性的体会——说明了这一文体类型的潜能。在此，主观性不仅没有被远远地避开，反而被公开地接受。

我在很大程度上也依赖于自己的实地经历来建构本书的叙述和分析。根据华康德的建议，我亲身参与到游戏中来认识了解游戏本身。用他的话来说，我将"自己的身体、感情和智慧都放在我要仔细分析的观察对象环境的核心上"。我常常在事情或互动发生几个月，甚至几年后才完全弄明白到底是怎么回事。一般情况下，我都让自己跟随观察对象的指引。我喜欢富有沟通交流的模式（胜过问卷调查或正式访谈），并因此我探寻出场密度。只要感觉什么比较奇怪，我就把它看作一个信号去密切关注它。同样，如果感觉什么是对的，我就将它视为一种机会，去利用它来准确找出是什么引发了这种对的感觉。简而言之，我依靠自己的情绪和感觉来引导自己的探究和分析。

不过，反身性人种志研究的局限性在这里也必须明确。盖里·艾伦·法恩（Gary Alan Fine）警告说切勿将"实地调查中繁重的工作变成舒舒服服坐在椅子里的'闭门造车'"。希望自己没有掉入这个陷阱中。这一点得由读者来评判。而且个人偏见是所有人种志数据采集过程，尤其是反身性研究都有的问题。每当怀疑某些特定数据是否具有代表性时，我都会用E·E.埃文斯－普理查德（E. E. Evans-Pritchard）的话安慰自己："如果考虑到作者的个性，如果考虑到在整个人类学研究领域，这些个人差异的影响有互相纠正的倾向，我觉得没必要过分担心这个问题（关于个人偏见）。"因此这个解决办法会促成更多的人种志研究来构建起对某一情境的更好的共识。我十分期待读到一些对其他任务驱动型组织的反身性叙述，也希望读到一些对学院的补充描述。

实地调查中的定位

人种志文献中对作者在实地调查中该采用哪种定位说法不一。"研究-参与者"定位也许是最普遍的一种。许多研究者采用的是实习生定位：一般其他的实地调查参与者明确地知道该研究者稍后离开这个调查环境。这种研究设计将研究者首先设定成一名学者，其次才是一位参与者（虽然这之间的界限比较模糊）；因此他们被称为"研究-参与者"。（"参与观察者"这个词相对而言不太准确，但也是指的同个概念。）萨利·韦斯特伍德（Sallie Westwood）对英国一家袜厂的研究，和彼得·莫斯科斯（Peter Moskos）对自己在巴尔的摩作为新受训警察期间经历的描述，都印证了这种设计。韦斯特伍德在得到管理层的批准后，在车间待了一年的时间，与其他工人一起织袜子。工人们都知道她是谁，也知道她会离开。同样，莫斯科斯的同事也知道他是一名研究生，他们教他工作的诀窍，但也知道他会离开这个岗位。他们有时候会明确地说出他的这种临时身份："哦，是的，你不是真正的警察，你来这只是为了获得博士学位。"以研究-参与者定位为基础的研究项目在很多社群的研究上取得了深刻的见解。

这种研究-参与者定位跟"完全参与者"定位截然不同，后者要求研究者第一且首要的角色是参与者，只有（最好是）在偶然的情况下才是研究者。雷切尔·谢尔曼（Rachel Sherman）在豪华酒店作为带薪员工的工作，马修·德斯蒙德（Matthew Desmond）作为消防员的经历，都是这类实地调查定位的例子。在这两项研究中，和他们一起工作的员工首先将他们视为同事。虽然角色冲突可能会出现（比如，如果参与者被重塑成观察者，或反过来，观察者被重塑成参与者），天平通常会偏向完全参与者一方。这是我在学院中的定位。对学院其他成员来说，我首先是一名教师，其次才是一名人种志学者。我也是一个实习生，但是一个如果一切都顺利的话能留在商学院这个观察对象中的实习生。虽然有些同事可能想过我也许会从商学院离开，但是我相信，在这一方面，我与其他未获终身教职的青年教师没什么不同。

对一些学者来说，完全参与者的定位充满了方法论危害，所以最好避免选择这种定位。从本质上来说，与观察对象或研究环境建立过于密切关系的风险是被视为一种潜在分散研究者在"科学"探索上的注意力的风险。（关于密切关系，我指的是与实地调查研究中其他观察对象深入的互动。）这种评论解释了，为什么许多研究者虽然与其他研究参与者关系密切，却选择不去强调这种密切关系。我们来看内尔斯·安德森（Nels Anderson）对流浪汉的研究。研究发表近40年后，在一版修订的序言中，他才承认自己是"路边流浪者生活的密切参与者及观察者"。同样，米歇尔·拉蒙特（Michele Lamont）在对资金分配小组的成员教授如何评估同事的工作做研究时，几乎没有提到她自己参与资金分配讨论的情况。虽然她看起来对这样的小组很熟悉，但是她避开介绍与自己经历相关的数据。极罕见地，有一些研究者会公开展示自己与观察对象的亲密关系。像安德森一样，其他研究者会在多年后，当自己的学术成就获得广泛认可时才会披露这种关系。亲密关系常常被看成是把双刃剑，操作起来十分危险：它能增强分析力度，但也很有可能会给研究结果带来负面影响。

尤其是在研究自己生活的环境时，其中错综复杂的关系让学者们纷纷建议不要开展这种研究。不过这种制止不应该与潜在的方法论问题混为一谈。正如卡拉·理查兹（Cara Richards）观察的那样，人类学家早就注意到在研究自己文化时所涉及的那些特殊问题。人类学研究领域的准则是，将这种研究充其量只当作次要的实地研究。但是理查兹指出了一个独特的例外情况：美国和英国的大学在培养非本土出生的人类学家时，经常鼓励他们研究自己的文化。然后她提出了这个显而易见的问题："为什么允许国外人类学家做大部分美国和英国人类学家被禁止做的研究？"将一个方法论问题转变成一个彻底的禁令，是解决不同问题的一个简单方法。诚然，方法论问题不能不予理会，但是它们不应该被如此处理，不能把它们当作为了全面禁令的替身。

亲密关系批评者所提出的谨慎选择研究方法问题应该认真对待。我努力去解决批评者们关心的问题，比方说在做这项研究的时候，我请两名资深同事——一位是校内人士，一位是校外人士——来扮演"临床指导"的角色。（我在研究期间会定期与他们联系，告诉他们我正在研究的假设并请教他们用其他假设回推。）不过我认为，只关注研究者层面与观察对象之间亲密关系的程度这一问题，会让研究者不能专注于思考可能更具决定性的问题，即研究者在实地研究中的自由度。换句话说，我想假设，只要研究者不感到自己受实地研究的过分约束，亲密关系就是一个可接受的风险。因此，亲密关系问题经常掩盖了自主权的问题。

尽管完全自主是开展研究的理想条件，但是几乎没有实地研究者真正获得过完全自主权。和理想的消息提供者一样，理想的实地研究者在他们的研究情境中经常站在内部人士/外部人士的位置上。他们非常熟悉研究情境，但是不会被其传统所完全束缚。他们从一定程度上能逃过群体的社会控制且不用害怕被驱逐孤立，因为他们本来就在置身于边缘地位。来看看保罗·拉比诺（Paul Rabinow）在摩洛哥进行实地调查时所依赖的信息提供者。他所有的信息提供者——无论是从法国移居来的遭遇财务失败的咖啡馆老板，还是经营卖淫集团的一位摩洛哥圣人的后代——都清楚地说出了自己所知道的事实，因为他们同时近距离和从远处观察着自己曾经生活的环境。（咖啡馆老板生动地回忆起曾经有过的但现如今已经承担不起的侨民生活；圣人后代详细地描述了自己成长的社群，但是因为他的职业，他再也不能完全回到那个社群之中。）大部分与观察对象有密切关系的研究者都会面临严峻的挑战，但是有些人能找到站在内部说话所需要的相对自由。

然而，我的非终身教职身份让我处在一个实际内部人士/外部人士的位置上。我是内部人士，因为我参与学院的教育事业。作为教师，我必须学会内部人士所需要的诀窍。但是，鉴于在学院获得终身教职的几率，我也可能会成为外部人士。这种处于中间的状况给了我相对的自由。如果在做这项研究时，我已经获得了学院的终身教职，是不可能享有这种自由的。（终身教职带来的职业安全感，严格来说会带来更多的自由，但是它也增加了个人对这个集体的社会依赖，因为在学院拥有终身教职的教师很少会去其他大学。）此外，做这项研究让我的一些同事感到疑惑。对于一名青年教师来说，公开讨论学院的内部工作多少是个禁忌。当这样的疑惑传到我耳中时，进而会让我时不时更感觉自己是一名外部人士，这样反倒为我进行实地调查创造了更大的自主权。总的来说，这种自主权有助于研究分析，虽然它偶尔会限制我，使我得不到所需的数据。

与学院其他成员的关系

恰当处理我与学院其他人,尤其是与同事之间的关系是贯穿本研究的一个重要的方法论和伦理上的关切问题。约翰·凡·马南警告说:"'认识者和被知者'之间的关系'最有问题',而且绝对不是'独立的'。"这迫使我经常重新审视这个问题。例如,很早的时候,一位细心的同事看到我在某次会议上记了大量的笔记(我经常这么做,大部分是习惯使然)便和我说:"我在想你是不是在记录我们的一言一行。也许有一天,你会写一篇有关我们的研究。"那时候我不知道自己会这么做,但是他的反应凸显了这么做可能会遇到的挑战。

我的同事们对这项研究反应不一。少数十分支持我,大部分在被我探寻具体问题时十分配合,还有的则始终缄口不言。前辈们的告诫早已让我有了对这些不同反应的充分准备。例如,在20世纪50年代初,西奥多·卡普洛(Theodore Caplow)和里斯·J.麦吉(Reece J. McGee)对学术劳动力市场进行研究的时候,有些同事对所谓的学校"本土人"去"忍受"研究者的能力"表示严重怀疑","尽管研究者与他们的身份十分接近"。(幸好,其他许多同事很配合。)在现实中,当少数同事告诉我,因为多种原因我的研究不能继续时,我听从了霍华德·S.贝克尔给实地调查者的意见:就当做自己听到的都是"是的"或"也许"。我也利用一切机会跟更多人介绍我的研究,很早就在我的科系组织了一次研讨会,在(发给所有拥有终身教职的教师的)研究陈述中清楚地阐述了我的相关研究,并随时回答所有相关的问题。我不想偷偷摸摸地工作,机构审查委员会也不允许我这么做。

然而，我是否是个冒牌货，以及我是否在泄露学院的技巧，这些问题一直在困扰着我。"从核心上看，实地调查从某种意义上必须被看成是一种背叛活动"，这种想法一直在我脑中萦绕。埃弗雷特·休斯（Everett Hughes）用类似"间谍"、"双重间谍"和"叛徒"等词描述实地调查者和实地调查。这揭示了这类研究可能被冠以的污名，以及它让他人感到被冒犯的可能性。皮埃尔·布尔迪厄（Pierre Bourdieu）在对法国学者的研究中也清楚地叙述了这种困境。尽管他做了最细致的各种努力，他写道："没有人能完全逃脱在做某种受谴责的事的嫌疑。"当我怀疑自己作为学院中的一名成员的身份时，我就把自己的研究项目想象成欧文·高曼（Irving Goldman）所说的"用巧妙方法揭示精巧掩盖着的真相"，以此来安慰自己。即使一位萨满法师揭示了巫术背后的花招，巫术的力量不会减少；反倒还会增加。以夸扣特尔印第安人（Kwakiutl Indian）的仪式为例，"在仪式上，神秘的事件总被隐藏着，因此只能以模仿的方式体验。"高曼评论说，即使目睹了十分突兀的模仿也让仪式显得不够强有力。

在我看来，在纯粹的描述中并不存在着什么背叛；背叛存在于对某一环境、它的实践以及它的成员的错误描述中。人种志研究方法不是试图寻找内部人士不知道的信息，而是更突出大部分内部人士已知的信息。因此，本书的主要目的是描述那些内部人士认为十分明显的事情，而本书最大的考验则是内部人士是否认为它的描述是"真实的"。如果是真实的，那在学院演进过程中，这些对瞬间的叙述或许就是有益的。为确保我的描述是准确的，我将本研究的综述文稿给几位正在商学院和曾在商学院工作的人士看过。（选择曾在商学院工作的人士是为了确保正在商学院工作人士的建议不只是单纯美化研究结果。）他们的评论帮助我将书中的数据和论证更具信服力。尽管书中的论证还是出于我自己，这些读者的意见帮助我确保书中的描述不会太另类。我的希望是本书既可以在不背叛商学院的情况下具有说服力，也可以揭示商学院明显的信息。

为什么

在做这项研究的过程中，有些同事不断问我，我为什么要去做这项研究。我猜，他们是希望能找到一些关键点或线索去了解在我脑中尚未完全成型的研究结果。他们也许想抢先获得研究结果中所揭示的任何信息。作为一名过程研究者，我倾向于问怎么样（how）的问题相较于问为什么（why）的为什么：动机很容易立马捏造出来，但是过程很难重新构建，因此不容易在事后被合理化。尽管我们竭尽全力进行反省，我们对自己的意图多少还是有点不了解。因此对于为什么的问题的直接回答，得带着怀疑的精神来看待。

即便如此，问为什么的问题是合理的。其他同行探究者尝试性的回答或许能为理解本研究的动机提供一个不太完整的关键线索。"就像做一只表一样。"迈克尔·陶西格（Michael Taussig）写道，"人种志研究可以从给人拥有'一个系统'和'一个日程表'的过程中带来的'安全感'。"当然，如果这个被描述的系统似乎新奇又有风险（就像一开始学院给我的感觉一样），这个说法尤其成立。这个钟表匠的类比深得我心，似乎进行这个研究给学院新进人员提供了一种相对的安全感是有道理的。那种通过这项人种志研究更好地"认识"自己所处的环境的渴望是开展这项研究看似合理的动机。但是学院的日常环境是非常井井有条的，并不混乱。我所遇到的事情大部分都是预料之中的，因此，进行这项研究也可以看成是对某种被过度保护感觉的回应。人种志实地调查有时被看成是业余爱好者的追求，被看成从某种程度上违反控制系统的一项工作。基于同样的心理，我忍不住想问，开展这项研究是否也本该是通过不安全来创建安全，即摆脱可感知控制的影响。想象自己处于某个系统之外——至少从概念上，来研究这个系统——然而在物理层面上处于其中，也许会产生一种（相对的）摆脱组织压力的自由感。因此，适度地搅乱这个系统和它的进程也可被视为另一个可能的备选目标。

最后，进行这项研究的另一个原因应该是我在这个实地环境中相对孤独。人类学家很早就注意到实地调查者工作的孤独性，但是它经常表现为在实地研究中一种独处于独特位置的必然结果。一种常见的假设就是实地研究导致了孤独。我想说的是，这种联系的方向或许被理解错了：也许有几种不同类别的学者成了实地研究者。因此，这种设想的实地调查"结果"——孤独——或许仅仅是研究人员开始调查前引发研究兴趣的人为工具。例如，彼得·莫斯科斯（Peter Moskos）曾提出内向的学者或许更擅长进行实地调查。虽然内向不等同于孤独，但它也许会导致实地调查中出现比较孤独的情况。这个问题没有确切的答案，但是它本该体现在我的研究中。尽管我对为什么的问题提出了警示，但是这些问题还是有道理的。更好地理解研究者的研究动机能使研究结果合理化。尤其是在研究某人自己身处的环境时，更需要合理化。尽管如此，为什么的问题帮过去许多研究者，包括教师，将研究注意力转向自己身处的环境。

学术界内部人士的作品

大学、学院和其他教育环境早就是学术界内部人士研究的重点。（这里的内部人士，我是指某一教育环境十分熟悉的个人，不仅指学校教师。）塔尔科特·帕森斯（Talcott Parsons）和吉拉尔德·M.普莱特（Gerald M. Platt）在对学术界的研究中所说的，对美国教育系统的"自觉认识"，不是未知的领域。早在1938年，弗兰西斯·D.多诺万（Frances D. Donovan）发表了一份有关学校教学的报告，她把它称为"一位历时19年，在几所不同学校工作过的教师的证词"。最近相关的这类例子包括：对高等教育财务实际情况改变的研究，对同侪资金发放审查过程的研究以及对高校招生的研究，这些研究都是学术界内部人士所撰写的。在20世纪50年代，有批评指出学术界将注意力放在所有对象上，但就是不关注学术界自己的员工。这样的批评在当时也许是有道理，但是如今就有些站不住脚了。在那之后，学术界内部人士发表了许多有关学术界的研究成果。

仔细研究这些作品，可以发现学术界内部人士的写作主要由三个类型构成：（1）对指明的学术环境研究的经授权报告；（2）对未指明的学术环境研究的经授权报告；（3）对指明的学术环境研究的未授权报告。写作类型的选择很可能反映了作者个人的偏好和对信息披露的接受度，以及机构审查委员会的不同要求和什么构成学术言论自由表述的多变解释。

对指明的学术环境研究的经授权报告非常多。例如，霍华德·S.贝克尔等人在1961年对医学院的研究，罗伯特·默顿（Robert Merton）等人在1957年对康奈尔大学、堪萨斯大学、宾夕法尼亚大学及西储大学所做的研究。在这些报告中，研究环境是透明的，研究结果是情境化的，从相关指明档案中获得的资料经常能作为所搜集的数据的补充素材。最近相关的研究还包括，拜伦·古德（Byron Good）对哈佛医学院医生培训的描述，亨利·罗索夫斯基（Henry Rosovsky）对哈佛大学艺术与科学学院内部工作的描述，阿图尔·葛文德（Atul Gawande）有关哈佛大学教学医院一位外科住院医师的书，莎木·拉赫曼·卡恩（Shamus Rahman Khan）有关圣保罗精英寄宿学校青少年社会化的研究，雅克·锡拉库萨（Jacques Siracusa）有关巴黎第八大学和巴黎第十大学社会学教学的书。这种有关哈佛商学院研究的经授权报告有很多。最受欢迎的可能是杰弗里·克鲁伊克·尚克（Jeffrey Cruik Shank）写的有关学院的历史。曾在学院任教的教师们的回忆录，如梅尔文·科普兰（Melvin Copeland）和弗里茨·罗特利斯伯格（Fritz Roethlisberger）的，体现了其他一些这种类型报告的形式。查尔斯·奥尔特（Charles Orth）对学生生活的研究，也是向外展示学院运转的一扇窗子。作为学院的一名助理教授，奥尔特依据1959—1960学年他从所教的两个班级搜集的数据，写了这份研究报告。（他的研究与我的研究最主要的区别是，他关注的是学生群体，而我关注的是教师群体。）总的说来，这些作品给读者提供了有关学院的丰富描述。

第二种类型，对未指明的学术环境研究的经授权报告包括了梅尔文·康纳（Melvin Konner）对医学院社会化过程的研究，以及梅尔文·D.威廉（Melvin D. William）对某人类学系关于其内部政治方面所做的人种志研究。近期，有关寄宿学校的研究和对某所大学的企业化的研究，以及有关校园如何塑造学生政治信仰或职业轨迹等相关研究，也都属于这一类型。专业学科传统与合法性方面的考量会使研究者决定去掩盖所研究的环境。（然而，事实上，简单的网络搜索就能轻易人肉出被研究环境。）我对有关哈佛商学院的这类研究都不怎么熟悉。

在最后一类中，大部分名校在某种情况下，会成为对指明的学术环境的未授权研究对象。有关哈佛法学院的一本书就是这类研究的代表。哈佛商学院也免不了成为此类研究的对象。例如，约翰·凡·马南（John Van Maanen）曾将哈佛商学院与麻省理工斯隆管理学院的课堂经验做对比。他在哈佛商学院的课堂里旁听，但无意去研究它——这是杰弗里·W.默尔（Jeffrey W. Riemer）所说的"机会型研究"的一个典型例子。最近，曾在哈佛商学院上过学、当过记者的一位校友写了一本有关自己在学院两年的上学经历的书。另一个研究则侧重描写女性在商界的地位。在这类研究中，有些是从作者视角发表对哈佛商学院的独特看法，但是其他则不那么有说服力。作者的个人目的有时会引起读者对他们研究结果的怀疑。例如，学院以前一位研究助理在对学院的叙述中，将美国的贸易逆差与所谓的学院衰败联系起来，这样的研究很难令人信服。

我选择写受哈佛大学机构审查委员会授权的有关哈佛商学院的研究。当我将研究设计和进展情况作为每年向院长办公室汇报的教研活动的一部分向学院管理层报告时，我没有意识到开展这项研究需要明确的授权（除机构审查委员会的授权外）。虽然我有时希望得到更全面的配合，尤其是在访问其他教师和获取相关档案资源的时候，但是一个明确的授权也许会给我带来超过我所设想的限制。我选择的这种路径让我获得了亲密关系、相对的自由，以及接触学院部分数据的权利（有权接触所有惯例活动，对部分档案资源有限的接触权利）。考虑到在此讨论的方法论问题，我觉得这是一种可接受的折中办法。

致　谢

　　我深深地感激那些为本书问世提供了直接或间接帮助的人们。首先，我想感谢我教过的哈佛商学院工商管理硕士班的学生们。我和他们一起演绎出——通常过了一段时间以后我们才意识到——学院可能是什么样子。学生们教给我的东西，多得可能超出他们的想象。我非常感谢他们的耐心和集体的智慧。

　　我也十分感谢在我撰写本研究期间管理学院的各位院领导。感谢他们容忍我坚持完成这个研究项目。几乎没有机构愿意将自己内部的工作展现于大众并接受公开地讨论，当然哈佛商学院也不例外。但是杰伊·莱特（Jay Light）和尼廷·诺瑞亚（Nitin Nohria）两位院领导都十分尊重我继续这项研究的决定。虽然他们没有公开地表示赞同，但他们确保我可以开展我的研究，只要我不使用学院独有的数据以及不侵犯其他教师的隐私。

　　我还要向那些慷慨提供时间、分享他们想法的同事们表示深深的感谢。写本书的最初动力来源于与艾米·瑞斯尼斯基（Amy

Wrzesniewski）及哈里森·怀特（Harrison White）的几次交谈。我刚到哈佛商学院时，艾米给了我一本题为《哈佛之成功，因为我们在干》（Harvard Works Because We Do）的书，那时她或许比我还了解有什么正在酝酿中。这本书的作者是格雷格·哈尔彭（Greg Halpern），里面搜集了一些描写哈佛大学职工自身的或者他们自己所写的一些小短文（如宿舍监管人员和保安等），但是当中没有一篇提及大学教师的。从某种程度上说，那本书是你正在阅读的这本书的必备配套书籍。艾米对这项研究自始至终的信心对我是巨大的鼓励，我无法描述对她的感谢。当我严重怀疑这项研究能否成立时，哈里森对该研究前提的热烈反应也对本研究的开展也起了至关重要的作用。早在21世纪初我参加他在哥伦比亚大学的研究生研讨会上，他在人类行为研究方面源源不断的开拓能力深深地鼓舞了我。本书是对他的一份迟到的谢意。杰克·加巴洛（Jack Gabarro）对初稿章节富有启迪性的意见对修正本研究范围和内容时起了很大作用。在那时，杰克对于我想要探究学院内部工作相关问题的渴望是最了解的，他始终对我的问询表现得十分自由开放。在我全力撰写本研究成果的阶段，约翰·范·马南（John Van Maanen）是本书认真的读者，也是我体贴的知己。他坚定的支持和敏锐的批判眼光在我的整个写作过程中都十分重要，特别是在我写作遇到瓶颈的时候，而这对于大部分作者来说可遇而不可求。他的逐字逐句的评论，其中有些评论甚至是在波士顿洛根机场旁的路边咖啡店写的，帮助我将论点打磨得更具说服力。

在研究过程中，其他许多同事和朋友也给了我许多帮助。在此我要特别感谢朱莉·巴蒂拉娜（Julie Battilana）、罗宾·伊利（Robin

Ely)、埃米尼娅·伊瓦拉（Herminia Ibarra）、凯特·凯洛格（Kate Kellogg），拉克什·库拉纳（Rakesh Khurana）、杰伊·洛尔施（Jay Lorsch）、约书亚·戈利斯（Joshua Margolis）、莱斯利·珀洛（Leslie Perlow）和迈克·塔什曼（Mike Tushman），他们对部分或全部原稿提出了详细的反馈。我还要感谢乔·拜德勒克（Joe Badaracco）、迈克·比尔（Mike Beer）、保罗·莱尔（Paul Carlile）、简·达顿（Jane Dutton）、玛莎·费尔德曼（Martha Feldman）、维多利亚·约翰逊（Victoria Johnson）、林恩·佩因（Lynn Paine）、西沃恩·奥马奥尼（Siobhán O'Mahony）、拉克希米·罗摩衍那（Lakshmi Ramarajan）、米切尔·史蒂文斯（Mitchell Stevens）、桑德拉·苏赫尔（Sandra Sucher）、凯瑟琳·图尔科（Catherine Turco）和于铁英（Tieying Yu），感谢他们对我构思书框架时所提出的问题及建议；谢谢凯瑟琳·帕拉黛西（Catherine Paradeise）和克里斯蒂·穆塞林（Christine Musselin）提醒我注意高等教育的国际动向；也谢谢保罗·希利（Paul Healy）帮助确认书中没使用学院独有的数据，也没有侵犯其他教师的隐私。

在芝加哥大学出版社，道格·米切尔（Doug Mitchell）在对完善原稿提出深刻见解的同时，巧妙地将该研究引向印制出版。蒂姆·麦戈文（Tim McGovern）的足智多谋，让编辑工作变得轻而易举。还有，当约珥·斯科尔（Joel Score）在熟练地编辑本书时，他就是个奇迹创造者。最后，出版社匿名的读者们对书稿做了重要的反馈。我非常感谢罗伯特·杰卡尔（Robert Jackhall）和盖伊·塔奇曼（Gaye

Tuchman）对我的激励以及他们极富学识的建议。他们的意见与建议促使我对此研究分析与结论部分中的几个重要组成部分进行了十分重要的修改。他们的鼓励也帮助我最终完成了这项研究。我十分感谢他们。

即便是那些注明为独立作者的书籍，通常也是集体努力的成果。多年以来，凯利·贝克（Kelly Baker）、芭芭拉·克利里（Barbara Cleary）、莎拉·约翰逊（Sarah Johnson）和艾琳·麦克菲（Erin McFee）在研究方面提供了很多必要的帮助。史蒂文·谢弗（Steven Shafer）和安·古德赛尔（Ann Goodsell）为全书提供了十分有建设性意义的反馈。艾恩·卡维基（Ayn Cavicchi）熟练地帮我为第四章中讨论的案例教学手册编码并做分析。凯瑟琳·哈蒙德（Catherine Hammond）和韩雷（Lei Han）的艺术眼光极大地丰富了本书的内容。此外，丽莎·莉娃（Lisa Riva）的专业支持让我在进行这项研究的同时，还能很好应对其他事务。我深深地感谢哈佛商学院研究和教师发展部为本研究提供的资金支持。我还要感谢狄塞尔咖啡厅友善的员工们，我的初稿中许多章节的大纲就是在那写成的。

我还要感谢我的家人对我工作的支持。父母和姐姐对于这项研究进程贴心的询问不仅表现了他们对这项研究进展的关心，更表达出对我有能力完成这项研究的信心。在本书尚在撰写的过程中，我的阿姨和叔叔们就一再要求想要先睹为快。这鞭策我要不断推进工作，不能让这些热情的读者们失望。最重要的是，我的爱人，帕特里克（Patrick）一直是我最坚定的支持者。某位资深同事有一次告诉我，要完成这项研究无异于拿着点燃的炸药包在两栋摩天大楼之间走钢丝，我把这话说给了帕特里克听。第二天吃早餐的时候，我收到了一张有插画的明信片。帕特里克找到了一张卡片，上面画有一个男人站在钢丝上，奇迹般地从屋顶走向月亮，男人在向天上走的时候，手中拿着钢丝未固定的一端。纵使我从未到过月球，但是我深深地感谢帕特里克一直陪伴在我的左右。

最后，本书中文版的顺利出版，还要特别感谢林文琛、任玥、佘卓霖、魏雨来、曾彤、黄成对全书译文的审订，尤其是他们对书中诸多晦涩难懂的专业词汇更加准确的翻译和调整，使本书能够以更加严谨的方式呈现在读者面前。感谢他们的付出！